Ronald Piechulek
Band 2

Eins, zwei, drei, vier, Eckstein ...

... und sonntags nur nicht schmutzig machen!

Geschichten und Anekdoten aus dem alten ROSTOCK & Warnemünde

Fotonachweis:
alle Fotos Sammlung Piechulek, außer:
S. 19 Kommunalpolit.
S. 79 Schriftenreihe der Hansestadt Rostock
S. 53 Richard Sedlmaier, Rostock
S. 66, 68 Rostocker Anzeiger
S. 82 Wolfgang Wilken

1. Auflage 2008
Alle Rechte vorbehalten, auch die des auszugsweisen
Nachdrucks und der fotomechanischen Wiedergabe.
Druck und buchbinderische Verarbeitung:
Druckerei Steinmeier GmbH, Deiningen

© Herkules Verlag
34128 Kassel, Richard-Strauß-Straße 33, Tel. (0561) 9 37 17 38
www.herkules-verlag.de
ISBN 978-3-937924-78-6

Inhaltsverzeichnis

Vorwort 4
Als Warnemünde ein Museum bekam 6
Eine Ausflugsgaststätte ersten Ranges 10
Kinderspiele auf der Straße..13
Wie man in Rostock wohnte 16
Neue Siedlungen entstanden 19
Einmal im Monat große Wäsche......................................21
Auf zur Wilhelmshöh!..24
Als die Warnemünder Kirche neue Glocken erhielt 27
Großherzoglich-Mecklenburgischer-
Yachtklub beging Jubiläum 30
Rostocks schlechte Wege und Straßen 32
Der Teppich-Klopf-Streit 33
Osterfreuden – Kinderfreuden 34
Das Füssilierdenkmal am St.-Georgs-Platz 38
Die Gefallenen von Warnemünde 41
Lichtwoche tauchte die Hafenstadt in helles Licht 45
Rostocker Heide..47
Als Rostock eine neue Klinik erhielt 51
St. Jacobi..53
Deutsche Dahlienschau in Rostock..................................57
Der neue Botanische Garten 60
Straßenbahn – Zankapfel „Pünktlichkeit" 63
Moderner Schlachthof für Rostock..................................66
Weihnachten in den 20er und 30er Jahren 70
Eintopfsonntage 74
Erntedank mit Pomp 78
Ein Aufmarschplatz für Rostock......................................79
Krieg 81
Zum Autor...84

Vorwort

"Rostock, welch lebendige alte Stadt! Überall fühlt man sich warm und heimatlich angesprochen." So urteilte 1938 ein Redakteur des renommierten „Hamburger Anzeigers" über die Stadt an der Warnow. Und so wie ihm ging es vielen Gästen der Hafenstadt, die zum ersten Mal Rostock einen Besuch abstatteten. Rostock konnte sich durchaus immer schon sehen lassen! Seine Sehenswürdigkeiten, sein Stadtbild, seine Wirtschaft- alles das schien in den 20er und 30er Jahren in voller Blüte zu stehen. Gerade zu dieser Zeit bestanden noch bzw. entstanden neu in der Stadt an der Warnow unverwechselbare Bauten, Grünanlagen und Einrichtungen, die der Stadt ihr Gepräge gaben und die für viele noch heute das Flair von Rostock ausmachen.

Über die Dächer von Rostock, Blick Richtung Gehlsdorf

Als ich am ersten Band der Rostock-Reihe zu dem Thema Geschichten und Anekdoten – „Sonnabends war Badetag ..." arbeitete und dafür in alten Rostocker Zeitungen recherchierte, fand ich so viel weiteres interessantes Material, welches ebenfalls geradezu darauf wartete, einer breiten Öffentlichkeit vorgestellt zu werden. Doch insbesondere ermunterten mich Zuschriften von Lesern des ersten Bandes, noch einmal in historische Zeiten einzutauchen und Ge-

Rostocker Rathaus

schichten und Anekdoten aus der alten Hafen- und Universitätsstadt ans Licht zu befördern.

So möchte ich Sie, verehrte Leser, ein weiteres Mal in die Zeit zwischen 1920 und dem Ausbruch des Zweiten Weltkrieges „mitnehmen" und Ihnen die Möglichkeit eröffnen, womöglich sogar Erinnerungen aufzufrischen an selbst Miterlebtes in der Hafenstadt Rostock.

Ich bedanke mich bei allen, die mir Tipps und Hinweise gaben, und bei Archivar Hans-Werner Bohl, der sich dankenswerterweise kritisch des Manuskriptes annahm.

Ronald Piechulek

Als Warnemünde ein Museum bekam

800 Exponate auf den Dachboden

Es war der **Warnemünder Fischer Heinrich Holtfreter**, der seine Mitmenschen anlässlich einer Sitzung des **Plattdeutschen Vereins für Warnemünde und Umgebung** 1914 daran erinnerte, dass man das wertvoll ererbte Gut der Vorfahren aus **Alt-Warnemünde** für die Nachwelt künftig bewahren müsse. Und er erntete mit seinem Vorstoß allgemeine Zustimmung. Holtfreter ging noch weiter: Er steuerte die ersten Stücke – vor allem historische Fischereigeräte – für eine heimatkundliche Sammlung bei, die dann nach einem entsprechenden Aufruf mit weiteren bei ihm in der Veranda der **Alexandrinenstraße 64** der Allgemeinheit dargeboten wurde. Die Sammlung wechselte mehrmals ihren Standort, vor allem deswegen, weil sie immer umfangreicher wurde und für eine ordentliche Präsentation auch den entsprechenden Platz benötigte. Am 24. und 25. April 1915 zogen die etwa 800 Exponate in einen Bodenraum in der **Knabenschule** in der **Fritz-Reuter-Straße**.

Mitbegründer **Ernst Strübing** erzählt vom Umzug des Museums in die Knabenschule in **Warnemünder Plattdeutsch**:

Koopmann Krusen sein Dienstdiern kümmt in de Dör störkt; wier an einem Sünndagmorgen. Se is fürchterlich upgerägt und roeppt ümmer: „Frau Krus', Frau Krus'! Kamen s' bloot mal rut! Dor is ein grotes Unglück passiert! Twei Fischerfrugens sind mit einmal verdrunken! Twei Kierls kamen dor eben mit antodrägen! Sei möten all lang in'n Water lägen hebben; sei sünd ganz (tief) und sehn ganz quitten gäl in'n Gesicht ut! De ein hett noch ehren Korf üm de Schullern!" Hest Du denn nich fragt, wecker dat sünd?" - „Nee, ick möchte nich rangahn; de Frugens un de Kierls, de se drögen, segen so ihrnsthaftig ut!"

Na, un wat wier nu von disse gräsige Geschicht wohr?

Ja, dat is so: An'n 25. April 1915 an einem schönen Sünndag morgen, treckt dat Warnmünner Museum üm von'n Georginenplatz nah de Fritz-Reuter-School. Dat Museum had' twei Poppen: ein oll Warmünnersch in'n Kirchenstaat un ein Fischerfru. De Fischerfru drögt Heine Holtfreter, de in'n Kirchenstaat harr sin Fründ up'n Arm.

So können also Gerüchte entstehen!

Der Umzug der Museumssammlung in seine neuen Räume in der Fritz-Reuter-Schule hat allen Beteiligten viel Arbeit gemacht. Man erhoffte sich, dass die Sammlung nun rege im Heimatkunde-, Geschichts- und Zeichenunterricht genutzt würde. Die neue Museumsräumlichkeit auf dem **Dachboden** mit einer Grundfläche von 8,40 Meter x 6,75 Meter war zwar ein Fortschritt, aber eben wieder nur ein Provisorium.

Nicht mehr zeitgemäß

Nach einigen Jahren hieß es: die „Aufstellung der Sachen in der Schule" sei nicht mehr zeitgemäß! Das brachte die Warnemünder Badeverwaltung auf den Plan. Sie veranlasste im Juli 1932 eine Versammlung des Plattdeutschen Vereins wegen „Museumsangelegenheiten". Gemeinsam möchte man der Misere zu Leibe rücken. Nachdem im September 1932 die Presse die Diskussion mit der **Frage „Möt uns' Warn'münner Urtsmuseum ein eigen Hüsung hebben?"** angeheizt hatte, kam man einer Lösung näher.

Neues Museum im Fischerhaus

Nun bot sich als neuer Museumsstandort ein altes Fischerhaus in der Alexandrinenstraße an. Die Eigentümerin, die inzwischen 66-jährige Putzmacherin Christine Jungmann hatte keine Erben, sie konnte sich das Familienanwesen durchaus als Museum vorstellen. Über die Konditionen würde man sich schon einigen. Die Museumsfreunde fackelten nicht lange und ergriffen die Initiative. Ein Dringlichkeitsantrag wurde formuliert, der mit folgendem Wortlaut in die Rostocker Bürgervertretung gelangte: „Der Rat der Seestadt Rostock wird ersucht, zusammen mit dem Hauptausschuß das Haus in der Alexandrinenstraße 31 für Zwecke des Heimatmuseums beschleunigt käuflich zu erwerben und die notwendigen baulichen Veränderungen vorzunehmen."

Offensichtlich führte der Vorstoß der Akteure zum Erfolg. Am 1. März 1933 kam ein Vertrag zwischen der Stadt und Fräulein Christine Jungmann zustande, der unter anderem die Unterschrift von dem für Warnemünde zuständigen **Stadtrat Dr. Wienke** trug. Quasi schenkte Christine Jungmann der Stadt das Haus mit der bescheidenen Bedingung, dass sie auf

Lebenszeit im obersten Stockwerk des Hauses zwei Zimmer mit Küche bewohnen dürfe, und die Zahlung einer jährlichen Rente.

Warnemünder Heimatmuseum im Fischerhaus

Am 1. Juli 1933 übergaben als Vertreter der Rostocker Stadtverwaltung die **Stadträte Dr. Wienke** und **Dr. Altvater** das Haus an die **Warnemünder Museumsleitung** mit **Fritz Gosselck** und an die Aktivisten des **Plattdeutschen Vereins** – feierlich versteht sich. Und dabei ließen sich dann alle Beteiligten vom **Warnemünder Fotografen Karl Eschenburg** vor dem Museumshaus ablichten.

Fräulein Jungmann führte die Gäste

Im Museumshaus verblieb eine Wohnung für Fräulein Jungmann, die es übernahm, das Museum zu überwachen, zu reinigen und bei Bedarf auch Gäste durch die Ausstellungen zu führen. Nach dem Ableben von Christine Henriette Julie Auguste Jungmann (so ihr vollständiger Name) am 11. November 1933 revanchierte sich der Plattdeutsche Verein in Dankbarkeit. Am Grab der Verstorbenen legte man Blumen und Kränze nieder.

Warnemünde ist somit der einzige Stadtteil Rostocks, der ein eigenes Museum vorweisen kann. Und es steht ihm angesichts der mannigfaltigen und interessanten Geschichte des ehemaligen Fischer- und Hafenortes recht gut zu Gesicht.

Eine Ausflugsgaststätte ersten Ranges

... die „Trotzenburg"

In unmittelbarer Nähe des Einganges zum **Rostocker Zoo** befindet sich noch heute die **Gaststätte „Trotzenburg"**, die als Ausflugslokal in den Barnstorfer Anlagen in den 20er und 30er Jahren ein **„Beliebter und vornehmer Treffpunkt der Rostocker"** war.

Die Geschichte des bekannten Lokals reicht bis 1839 zurück, als der Holzwärter Moll das Forsthaus „Trotzenburg" gepachtet hatte und dort einen Ausschank unterhielt. Um 1870 übernahm Jäger Albrecht die Gastwirtschaft ohne gesonderte Gaststube, deren bescheidener Schankbetrieb für ihn nur ein „Zubrot" bedeutete. Als

Forsthaus Trotzenburg vor dem Umbau

der Stadtjäger Robert Schramm (dem die Stadt Rostock auch den Tiergarten verdankte) Forsthaus und Ausschank übernahm, gab es einen Aufschwung für die „Trotzenburg". Das lag auch daran, dass die **Barnstorfer Anlagen** seit 1881 mit der **Pferdebahn** und seit 1904 mit der **elektrischen Straßenbahn** erreichbar waren. Nun kamen immer mehr Rostocker hierher und nahmen dankbar den Service an, sich bewirten zu lassen.

Der „**Rostocker Anzeiger**" meinte dazu: „**Die Bedeutung der Barnstorfer Anlagen als einer beliebten Erholungsstätte ist ohne Zweifel im Steigen begriffen. Nicht nur sonntags, sondern an jedem schönen Wochentage sind nachmittags alle ihre Wege belebt von Leuten jeden Alters und jeden Standes. Die elektrische Bahn ermöglicht es auch den stark Beschäftigten schnell und leicht die Anlagen zu erreichen ...**"

Tanz in der „Trotzenburg"

Als Schramm 1913 pensioniert wurde, nahm man eine Trennung zwischen Forsthaus und Lokal vor, und so war die Möglichkeit gegeben, dass sich die „Trotzenburg" zu einem der beliebtesten Lokale Rostocks entwickeln konnte. Nicht nur die Besucher des **Tierparks**, sondern auch die Nutzer der in nächster Nähe gelegenen **Tennisplätze**, der **Schießplätze** und des **Exerzierplatzes** waren potentielle Kunden für den Gastwirt der „Trotzenburg", der sicherlich nicht schlecht verdiente.

Pause beim Sonntagsausflug

Auf jeden Fall nutzten viele Rostocker das Lokal bei ihren sonntäglichen Ausflügen und so mancher **„Tanztee"** (oder Tanzabend) blieb noch lange in Erinnerung. Die Einkehr in der „Trotzenburg" gehörte zu Ostern, zu Pfingsten und anderen Feiertagen einfach zu einer liebgewonnenen Tradition. Die Restauration lockte potentielle Gäste auch über Annoncen im „Rostocker Anzeiger", wo man zum Beispiel lesen konnte: **„Täglich geöffnet. Täglich frisches Gebäck."** Wer konnte sich dieser Verlockung auf Dauer ernsthaft verschließen?

Werbungen für die Trotzenburg 1913

Kinderspiele auf der Straße

Kreisel, „Schüsseln" und Trünnelreifen ...

„Eins, zwei, drei, vier, Eckstein – alles muss versteckt sein!" so oder ähnlich ertönte es nicht selten in den **Straßen Rostocks**, wenn die Kinder ihrem ausgelassenen Spiel nachgingen. Wenn die Schulaufgaben erledigt waren, an den Wochenenden oder in den Ferien hatten die Kleinen ausgiebig Zeit für ihre liebsten Freizeitbeschäftigungen. **Verstecken spielen** gehörte natürlich unbedingt dazu. Doch es gab noch viel mehr, was man mit wachsender Begeisterung spielte. Wenn das schöne Wetter das Spielen im Freien so richtig zum Vergnügen werden ließ, dann hörte man vielerorts das Knallen der Peitschen, mit denen die **hölzernen Kreisel** mit schnellem Schwung angetrieben wurden. Lustig hopsten die bunten Gesellen über den Gehweg und landeten hin und wieder unbeabsichtigt auf der Fahrbahn. Ein rascher Blick nach Links und Rechts und ... husch ... war der Kreisel wieder dort, wo er hingehörte. Kreiselpeitschen gab es beim Kaufmann um die Ecke zu kaufen (sie waren auch aus einem geeigneten Zweig und einer Schnur schnell und preiswert selber angefertigt).

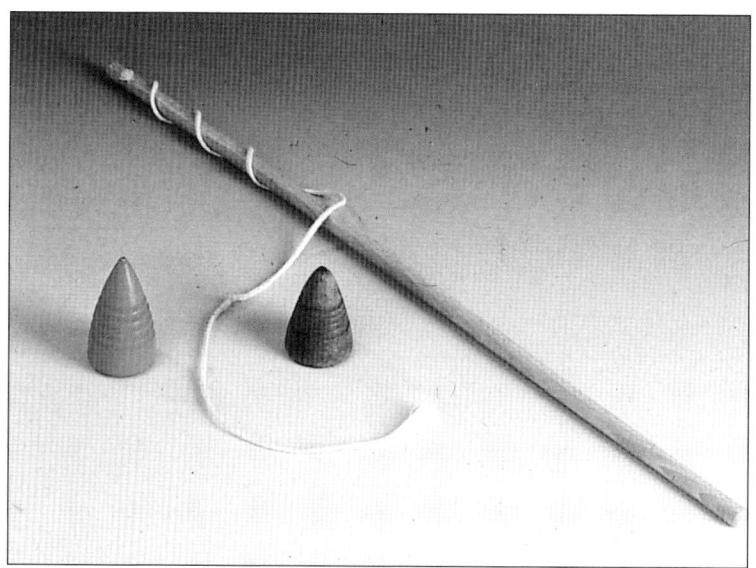

Geschickt musste man sein, um den Holzkreisel zum Drehen zu bringen

In Mode gekommen war auch das Spielen mit sogenannten **„Trünnel-Reifen"**, dünnen, in leuchtenden Farben bemalten **Holzreifen**. Diese Reifen rollte man per Hand oder mit einem Stöckchen über den Gehweg. Zu zweit konnte man damit auch ein kleines Rennen veranstalten. Wer nicht das Geld hatte, einen solchen Reifen im Handel zu erwerben, benutzte einen selbstgefertigten aus einer alten **Fahrradfelge**. Die fand man mitunter bei Entrümplungsaktionen, auf dem Müllplatz oder bei Vati im Schuppen.

Kinder fanden immer eine Möglichkeit zu „Schüsseln"

Schmerzende Finger beim „Schüsseln"

Bei Jungen und Mädchen gleichermaßen beliebt war das **Spielen mit Murmeln**, die es in verschiedenen Farben und verschiedenen Materialien gab. **„Schüsseln"** nannte man die Murmeln aus Ton, Glas oder Metall in Rostock. Am besten eignete sich für das Murmelspiel eine erdige Fläche, in die man Murmellöcher graben konnte. Dann war es an der Geschicklichkeit der Mitspieler, ihre „Schüsseln" über eine gewisse Distanz auf dem schnellsten Wege in das Loch zu befördern. „**Mir taten immer die Finger danach weh!**" erinnerte sich Anneliese, die wie viele ihrer Altersgenossinnen im Verlaufe des Spiels mit gekrümmten Zeigefinger versuchte, die Murmeln, die nicht auf Anhieb das Loch erreicht hatten, in dieses hineinzubefördern. Man sollte meinen, dass in Straßen, in denen der gesamte Gehweg gepflastert war, ein Murmelspiel nicht möglich war. Doch man würde damit die Findigkeit der jungen Rostocker unterschätzt haben. Es kam schon mal vor, dass findige Jungs vorübergehend einen Pflasterstein aus der Gehwegspflasterung entfernten, um so ein Murmelloch zu schaffen.

Spielplätze Hinterhöfe, Gerberbruch und Ziegelwiese
Vor allem die Mädchen liebten es, ihre **Puppen** spazieren zu fahren und sich den Tag mit **Hüpfspielen** verschiedenster Art zu vertreiben. Bei Letzteren wurden Kästchen oder andere Figuren auf den Bürgersteig gemalt oder mit einem Stöckchen in den Boden geritzt und jeder Mitspieler musste diese in einer gewissen Reihenfolge im Sprung berühren.

Wenn man ein wenig älter geworden war, dann änderte sich das Spielverhalten augenscheinlich. Man verkehrte dann meist in Gruppen. Dann tollten **Räuber und Gendarmen**, aber auch **Cowboys und Indianer** durch die Straßen der Stadt, vergnügten sich auf den **Hinterhöfen**, am **Gerberbruch** oder auf der **Zingelwiese** vor der Stadtmauer auf der Ostseite der Warnow.

Wie man in Rostock wohnte

Samstagsbad in der Küche

So unterschiedlich die Stadtteile bebaut waren, so unterschiedlich war die Wohnsituation der Rostocker. Wer begütert war und in einer Villa in einem aufgelockert bebauten Stadtteil wohnte, lebte ein anderes Leben als die „einfachen" Leute. Die allermeisten Rostocker wohnten in den 20er und 30er Jahren eher beengt und nicht gerade komfortabel. Vor allem in der **Rostocker Altstadt** litten die Einwohner unter den schlechten Wohnbedingungen in zum Teil maroden Häusern. Da war es ein enormer Fortschritt, als die **Kröpeliner-Tor-Vorstadt** mit ihren viergeschossigen Mietshäusern (Traufenhäuser mit Flachdach) entstand. Hier wohnte etwa die Hälfte der Rostocker Bevölkerung. Der Wohnkomfort in den Häusern war bescheiden, aber die Wohnungen waren meist ordentlich, warm (bei vielen wurde jedoch nur die Küche geheizt und sonntags auch mal das Wohnzimmer) und sauber.

Auf jeder Etage eines Mietshauses waren zwei Zwei-Zimmer-Wohnungen mit Küche angeordnet. In der Küche wurde nicht nur gekocht, sondern samstags auch gebadet.

In der Kröpeliner-Tor-Vorstadt

Es gab ein Schlafzimmer, meist mit einem Ehebett, einem Kleiderschrank und einem Vertiko ausgestattet. Das zweite Zimmer war das Wohnzimmer, die **„gute Stube"**. In ihrer Mitte stand der runde oder ovale „Familientisch" mit mehreren Stühlen, an dem auch Gäste empfangen wurden. An einer der Wände stand meist ein Chaiselongue, eine gepolsterte Couch, auf der sich vor allem der Familienvater nach getaner Arbeit niederließ.

In der Küche hatten die Frauen das Sagen

Daneben auf einem kleinen Tischchen befand sich sehr oft der bekannte **Volksempfänger**, aus dem in den 30er Jahren unter den Nazis mehr und mehr verhetzende Reden übertragen wurden. Und dann stand da noch oft ein Schrank mit Aufsatz. Letzterer hatte ein Glasteil, in welchem das zur Schau gestellt wurde, was man am meisten schätzte und was hübsch anzuschauen war: **Sammeltassen, Vasen, Figuren** aus **Porzellan** oder anderer **Keramik**. Auf dem Schrankaufsatz thronte dann noch die obligatorische **Wohnzimmeruhr**.

Mit der Wärmflasche ins Bett

Im Winter allerdings war es bei vielen abends oft notwendig, sich auch im Bett warm anzuziehen. Die sogenannten Bettjäckchen – gestrickt oder gehäkelt – waren kein Luxus, sondern eine Notwendigkeit. Und diejenigen Familienmitglieder, die nicht als abgehärtet gelten wollten, benutzten dann auch die Wärmflasche, die damals meist aus Zink war und für den ersten abendlichen Gebrauch erst einmal mit einem Handtuch umwickelt werden musste. Für Oma und Opa war dies in diesen Jahren schon eine große Annehmlichkeit, erzählten sie doch noch von den im Herd aufgeheizten Backsteinen als Wärmespender im winterlichen Schlafzimmer. Und selbst im geheizten Zimmer, meist war es die Küche (das Wohnzimmer war oft nur sonntags geheizt), wurde noch weiter vorgesorgt, damit die Wärme sich hielt: Alle Fensterbänke und Balkontüren verhängte man mit den dafür vorgesehenen Winterdecken als Schutz vor Kälte und Zug.

Wenn man allerdings „sein Geschäft" verrichten wollte, musste man sich sputen und einen längeren Weg in Kauf nehmen, denn in den allermeisten Fällen befanden sich die Toiletten im Keller- oder Bodengeschoss der Häuser. Vor allem die Kinder konnten sich damit kaum anfreunden. Diese Situation ist mitunter tief im Gedächtnis vieler Rostocker verankert.

Neue Siedlungen entstanden

„3000 Menschen wohnen glücklich und zufrieden ..."

In der Zeit nach dem Ersten Weltkrieg – wie auch schon davor – herrschte in Rostock Wohnungsnot. Wirtschaftliche Unsicherheit und Inflation hatten den Wohnungsbau bis dahin behindert. In den 1920er Jahren begann in Rostock eine rege Bautätigkeit. Häuser entstanden an der **Satower Chaussee**, in der **Steintorvorstadt**, an der **Schwaaner Landstraße und hinter den Polizeigärten** in der Nähe des **Alten Friedhofes**, an der **Parkstraße**, und in den **Stadtrandlagen**. Neue Wohnsiedlungen mit sogenannten **„Volkswohnungen"**. Darunter waren Wohnungen in **Reutershagen, Dierkow** und **Barnstorf**. Sie schossen förmlich aus dem Boden. *„Wo gestern noch freies Feld war, sind heute Arbeiter bei Ausschachtungsarbeiten beschäftigt"*, las man in der hiesigen Presse.

In **Barnstorf** beispielsweise begann man 1937 mit dem Bau von über 100 Volkswohnungen an der früheren **Barnstorfer Dorfstraße**. Dafür musste die frühere Bebauung weichen, darunter **ländliche Wirtschaftsgebäude**. Das veränderte natürlich das Bild des Dorfes nachhaltig.

Neue Siedlung 1937

Unter der Überschrift **„Barnstorfer Volkswohnungen wurden bezogen"** berichtete der „Rostocker Anzeiger" im Januar 1938 über das Bauprogramm für Rostock.
„Die Volkswohnungen, mit denen man bereits gute Erfahrungen gemacht hat, haben sich auch in Rostock gut bewährt. Die langen Reihen dieser schmucken Häuser, die nun schon in Rostock-Dierkow seit Monaten bewohnt sind, machen nicht nur von außen einen freundlichen Eindruck, sondern bieten Hunderten von Familien ausreichenden und gesunden Wohnraum zu tragbaren Mietpreisen."
Übrigens gehörte zu jedem Haus auch ein Stück Gartenland, mit welchem die Bewohner zumindest einen Teil ihrer Versorgung selbt übernehmen sollten.
Natürlich war das für viele Rostocker eine Verbesserung ihrer Wohn- und Lebensverhältnisse und so mag es stimmen, wenn die Stadtverwaltung – in diesem Falle für die Siedlung Reutershagen – resümiert: *„3000 Menschen wohnen glücklich und zufrieden ..."*

Der Gang zum Plumpsklo

Zu jener Zeit hatte man in Rostock auch noch zahlreiche **Plumpsklos**. Vor allem in den älteren Häusern mussten die Menschen ihre Notdurft meistens in Plumpsklos verrichten.
Das Plumpsklo war zwar meist nicht mehr in den berühmten „Herz-Häuschen" hinter dem Wohnhaus untergebracht, was dann auch noch mit weiten Wegen verbunden war, sondern befand sich oft schon in der Nähe der Wohnung bzw. im Keller, aber die Benutzung war nicht immer ganz einfach.
Immerhin mussten in der Regel mehrere Familien das Klo benutzen, sodass man nachts eigens **Nachtgeschirr** aufstellte – natürlich auch wegen der weiten Wege zum Klo. Die **„Pisspöttchen"** genannten Schüsseln wurden benötigt, um einen Gang zur Toilette zu vermeiden. Sie wurden dann morgens im Plumpsklo ausgeschüttet.
Diese Plumpsklos verschwanden später – allein schon aus hygienischen Gründen folgten später Wasser-Toiletten, wo man nur an einer Strippe ziehen musste, um die Notdurft ganz einfach wegzuspülen. Allerdings waren diese dann oft im Treppenhaus, wiederum für die Benutzung mehrerer Familien, zu finden.

Einmal im Monat große Wäsche

... kochen, bleichen, mangeln

Wenn die **„Große Wäsche"** einmal im Monat anstand, standen die Frauen oft mehre Tage lang am Waschbottich. Schon Tage vorher wurde die Wäsche gesammelt, sortiert und gehäuft, damit alles gut klappte. Die Frauen waren in der Waschküche oft nicht mehr zu sehen, alles war voller Wasserdampf.

Am Waschbrett wurde die Wäsche gerubbelt, bis die Finger schmerzten

In heißer Lauge schwamm **„das Bunte"**, wurde Stück um Stück mit **Waschbrettern** gründlich bearbeitet. Im **Kochkessel** zischte und brodelte es, stiegen undefinierbare Düfte auf, drangen dicke, feuchte Schwaden durch Türen und Ritze.
Mit dem Kochen und dem Waschen war der Arbeitstag aber längst noch nicht zu Ende. Die großen Stücke wurden mit kaltem Wasser gespült und ausgewrungen. Dabei mussten oft die Kinder mithelfen. Wenn es eine Möglichkeit des Trocknens auf dem Hof oder auf einer Wiese (Bleiche) gab, stellte man die sogenannten **Wäschestangen** unter die Leinen, auf der die Wäsche aufgehängt wurde. Jede Familie hatte ihre eigene Hanfleine. In kalten Wintern war es lustig anzusehen, wie die mitunter steif gefrorenen Unterhosen und Hemden auf der Leine hingen.

„Große Wäsche", Schwerstarbeit für die Frauen

Kinder spielen „Große Wäsche"

Hatten die Frauen keine Möglichkeit, die Wäsche im Freien zu trocknen, mussten sie die schweren Körbe auf den **Trockenboden** bringen, wo man Hosen und Schürzen, Kittel und Strümpfe aufhängte.

Die weiße Wäsche wurde im Frühling und Sommer oft auch auf Wiesen (wenn vorhanden) ausgelegt, und „**gebleicht**", wie man damals sagte. An den nächsten Tagen musste die Wäsche gebügelt werden, während die großen Stücke in die „**Mangel**" kamen.

In vielen Wohnvierteln gab es so eine Einrichtung, wo man gegen geringes Entgelt die Wäsche mit großen Holzwalzen glätten konnte. Die Holzwalzen wurden mit der Hand oder in moderneren Einrichtungen mit einem Elektromotor angetrieben.

Auf zur Wilhelmshöh!

... flatternde Fahnen

Ein bekanntes und beliebtes **Ausflugsziel** vor allem der Warnemünder und ihrer Gäste war das **Kliff- und Waldgebiet der Stoltera** und hier vor allem das Ausflugslokal „**Wilhelmshöh**".

Der Aussichtspunkt auf dem **Mergelkiff** war natürlich standesgemäß nach Kaiser Wilhelm benannt worden und lockte schon wegen seiner hervorragenden Weitsicht. Vor allem an den Wochenenden kamen die Gäste in Scharen, was natürlich den Umsatz des Restaurantbetriebes enorm ankurbelte.

Wilhelmshöh, beliebtes Ausflugsziel – hier allerdings menschenleer

Der Rostocker **Werner Tschirch** erinnert sich an den Familienausflug und den obligatorischen Ablauf desselben: *In Warnemünde angekommen, ging es am Strande entlang oder oben auf festem Weg. Umsäumt war der Weg von niedrigen Weidenbüschen, bis der kleine Wald begann. Am Wald entlang wurde das hohe Ufer immer höher, und der schmale Weg führte in vielen Windungen bis zum Restaurant „Wilhelmshöh". Je näher wir dem Platz kamen, es*

war immer das Gleiche: Mit jeder Wegbiegung wollte jeder als erster die auf „Wilhelmshöhe" flatternden Fahnen gesehen haben ....
Für die Kinder war vor allem der in unmittelbarer Nähe der Steilküste verlaufende **„Katzenweg"** ein Erlebnis. Hier konnte man sich wie ein Entdecker fühlen.

Herrlicher Blick von „Wilhelmshöh": in der Ferne Warnemünde

... und dann gab's Kaffe und Kuchen

Schon im Juli 1890 war übrigens das Restaurant oberhalb der Steilküste mit einem fantastischen Blick aufs Meer von seinem ersten Besitzer J. Holtz eröffnet und dann von seinem Nachfolger immer weiter ausgebaut worden. Bei Restaurantbesitzer Paul Holtfreter und seiner Familie konnte man sich nach der kräftezehrenden Wanderung bei **Kaffee** und **Kuchen** und anderen Leckereien ausruhen. Vom Restaurantgarten aus war es möglich, bis nach Warnemünde zu blicken und auf See die ein- und auslaufenden Schiffe zu beobachten. Und man bekam zum duftenden Kaffee und der

Schwarzwälder Kirschtorte die zwitschernde Vogelwelt sozusagen gratis dazu. Für die Holtfreters, die hier ein wenig entfernt von der nächsten Ansiedlung wohnten, bedeuteten zahlreiche Gäste nicht nur ein gesichertes Einkommen, sondern auch die Möglichkeit, Informationen, Klatsch und Tratsch aus dem Badeort Warnemünde und der Hafenstadt Rostock zu erfahren.

Blick auf das Mergelkliff der Stoltera

Als die Warnemünder Kirche neue Glocken erhielt

„stumm und ergriffen ..."

Ein besonderer Tag in Rostocks Stadtteil **Warnemünde** war der 14. September 1921. Zum Festgottesdienst an diesem Tage war die Kirche der **evangelischen Kirchgemeinde am Kirchenplatz** mit erwartungsfrohen Menschenmassen gefüllt. Sie alle wollten die Weihe der neuen Glocken miterleben, die man anlässlich der 50. Wiederkehr des Tages der Kirchweihe aus Spenden und durch das In-Zahlung-Geben einer älteren Kirchenglocke finanziert hatte und

Evangelische Kirche Warnemünde

die nun erstmalig zum Klingen gebracht werden sollten. Bei den neuen Glocken handelte es sich um zwei Glocken aus Eisenhartguss. Sie wurden von der Turmuhrenfabrik und Glockengießerei J. F. Weule in Brockenem am Fuße des Harzes hergestellt, die gleich noch eine kleine Uhrenglocke mitlieferten. Natürlich waren die Hersteller darauf bedacht, eine gute Arbeit abzuliefern, obwohl sie hauptsächlich Spezialisten für die Herstellung von Turmuhrglocken waren und auf wenig Erfahrung beim Guss großer Kirchenglocken verweisen konnten.

Der „Rostocker Anzeiger" beschreibt das kirchliche Ereignis als *„besonders erhebende und eindrucksvolle Feier".* Pastor Friedrich Karl Helms, der die Predigt *„unter Zugrundelegung des 95. Psalms"* sprach, ging in seinen Ausführungen auf die Bedeutung des Kirchengeläutes ein und wies darauf hin, dass die neuen Kirchenglocken auch dazu bestimmt seien, das Gedächtnis der im Ersten Weltkrieg Gefallenen zu ehren.
„Nach einem gemeinsamen Gebet setzte man das Kirchengeläut vom Turm herab ein und stumm und ergriffen hörte die andächtige Gemeinde dem harmonischen Klange der Glocken zu. Mit dem stehend gesungenen Gemeindegesang ‚Nun danket alle Gott' schloß die erhebende Feier."

Rostock statistisch gesehen zum Beispiel 1924
Des Deutschen liebstes Kind sind offenbar Statistiken aller Art. Heute wie damals stolpert man über sie und wird manchmal von ihnen verwirrt oder geblendet, denn nicht immer haben sie die Aussagekraft, die die Macher für sie erheben.
Auch in Rostock hat man schon immer Statistiken geführt. So zum Beispiel zur Einwohnerzahl der Hafenstadt. Nach einer statistischen Aufstellung im Dezember **1924** hatte **Rostock 65.377** Einwohner, davon waren 34.578 männlich und 30.799 weiblichen Geschlechts. Die Frauen waren damit deutlich unterrepräsentiert.
Ermittelt wurde damals auch, dass Rostock 15.266 Haushalte mit zwei und mehr Personen und 2.085 einzeln lebende Personen

mit eigener Hauswirtschaft in seinen Mauern beherbergte. Bewohnt waren zu diesem Zeitpunkt 4.749 Häuser, unbewohnt 85. Aufgelistet wurden in der Statistik noch 40 sonstige bewohnte Baulichkeiten, darunter auch Schiffe.

Blick über die Stadt mit Marienkirche

Statistisch gesehen beanspruchte ein Wohnhaus eine Fläche von 760 qm, ein Einwohner hatte einen Platz von 55,3 qm zu seiner Verfügung. Auf einen Hektar Wohnfläche entfiel ein Mittel von 131 Häusern, 48 Haushalten und 13,8 Einwohnern. Ein Haushalt zählte durchschnittlich 3,7 Personen.

Auf die einzelnen Stadtteile Rostocks bezogen, stellte sich die berechnete Wohndichte allerdings recht unterschiedlich dar. In der **Altstadt** um die Petri-Kirche entfielen auf einen Hektar Wohnfläche 320 Einwohner, 24 Häuser und 85 Haushalte. Mit 2.201 Haushalten und 8.273 Bewohnern ist das Gebiet recht stark bewohnt.

Die **Kröpeliner-Tor-Vorstadt** mit einer Fläche von 136,18 Hektar und 31.679 Einwohnern (das war übrigens 1924 etwa die Hälfte der Rostocker Bevölkerung) nahm ein Drittel der Stadtfläche Rostocks ein. Die **Steintorvorstadt** mit einer Fläche von 110,49 Hektar war vor allem mit einzeln stehenden Villen bebaut und zählte daher nur 2442 Haushalte.

Großherzoglich-Mecklenburgischer-Yachtklub beging Jubiläum

Ein Stein mit deutscher Treue

Im Jahre 1924 wurde der **Großherzoglich-Mecklenburgische-Yachtklub** 40 Jahre alt. Grund genug, dieses Jubiläum festlich zu begehen! Man feierte ausgiebig, nämlich von Donnerstag, dem 20. November bis zum Sonntag, dem 30. November! Die Feierlichkeiten begannen mit einem „Herrenessen" im Restaurant **„Rostocker Hof"**.
Ein offizieller Festakt, an welchem ein Gedenkstein für die im Kriege gefallenen Klubmitglieder eingeweiht werden sollte, vereinte Mitglieder und Gäste im **Klubhaus** am **Gehlsdorfer Ufer**, worüber der „Rostocker Anzeiger" in seiner Ausgabe vom 25. November berichtete:
„Im Beisein des Großherzogs versammelten sich pünktlich um 3 Uhr die Mitglieder in den oberen Klubräumen, wo der Klubvorsitzende, Augenarzt Dr. Schmidt, zunächst das Wort zu einer kurzen Ansprache nahm, in der er die Gäste auf das herzlichste begrüßte, um dann die Bedeutung dieses Tages für die Geschichte des Klubs zu würdigen ..."
Im Anschluss versammelte man sich auf dem Platz vor dem Haus, *„wo der Signalmast in Flaggengala und unter ihm der von Fahnen verhüllte Gedenkstein zu einer außerordentlich eindrucksvollen Gedächtnisfeier rief."*
Die Weiherede wurde durch Pastor Fritz Behm von der **Heiligengeistkirche** gehalten, der am Ende derselben ausführte: *... **So lasset uns denn diesen Stein deutscher Treue weihen**. Es falle die Hülle, und seine stumme, aber zu Herzen gehende Sprache wolle von Generation zu Generation jeden einzelnen daran erinnern, dass dieser Stein steht unter dem Weihespruch:*

Wanderer, der du hier vorübergehst,
Bedenke, dass du auf Heimaterde stehst:
Beug deine Knie vor dem lebendigen Gott!
Sei auch du getreu bis in den Tod."

Nachdem die Verhüllung von dem Stein entfernt worden war, legte der Großherzog mit den Worten: „Den im Kriege gefallenen Mitgliedern in nie versagender unwandelbarer Treue" einen Kranz nieder. Weitere Gäste taten es ihm nach, während eine Militärkapelle „Ich hatt einen Kameraden" spielte.
Zu verdanken hatte der Verein das Denkmal übrigens dem Diplom-Ingenieur Siegert aus Gehlsdorf, die Gestaltung des Gedenksteines war durch den Rostocker Steinmetz W. Pleß vorgenommen worden.

Festessen und Frühschoppen

Ein weiterer Höhepunkt der Jubiläumsfeierlichkeiten war das **Festessen** im Hotel **„Fürst Blücher"** am 29. November abends um 7.00 Uhr, zu dem über 360 Teilnehmer zugegen waren, darunter Vertreter des Deutschen Seglerverbandes und befreundeter Vereine. Als Repräsentant der Stadt war Senator Dahle anwesend. Neben vielen Reden und einem auserlesenen Mahl wurde an diesem Abend eine Tombola veranstaltet, *„... die mit ihren Zufallsfreuden nach dem Essen mancherlei Kurzweil brachte ..."* und bei der unter anderem auch lebende Gänse und Enten als Preise vergeben wurden.
Zum Abschluss der Jubiläumsfeier des Großherzoglich-Mecklenburgischen-Yachtklubs lud man am Sonntag zum **Frühschoppen** in den **Ratsweinkeller** ein.
Der „Rostocker Anzeiger" urteilte danach *„Jedenfalls war das Fest des 40-jährigen Bestehens des Großherzoglich-Mecklenburgischen Yacht-Clubs in jeder Hinsicht würdig und wohl gelungen."*

Gedenkstein in Gehlsdorf

Rostocks schlechte Wege und Straßen

Bürgersteige „lebensgefährlich"

Die Rostocker Stadtverordnetenversammlung hatte sich auf ihrer Sitzung am 14. Januar 1924 unter anderem mit dem wohl „lebensgefährlichen Zustand der Bürgersteige" in der Stadt zu beschäftigen. Anlass der kritischen Betrachtung war ein Wegeunfall eines städtischen Beamten, der finanziell zu Lasten der Stadtkasse ging: *„Gelegentlich der Bewilligung von 30 M für eine Operation, der sich ein Beamter unterziehen mußte, welcher sich beim Ausgleiten auf der Straße eine schwere Verletzung zuzog, kritisiert der Stadtverordnete Lange mit Recht den trostlosen Zustand, in dem sich augenblicklich die Bürgersteige Rostocks befinden (Der Zustand der Fahrwege ist ebenfalls ein ganz fürchterlicher). Man muß sich wundern, daß nicht noch mehr Menschen Arme und Beine gebrochen haben. Es sollte mit aller Strenge versucht werden, daß die entsprechende polizeiliche Verordnung auch tatkräftig durchgeführt wird!"*

Ob es daraufhin wirklich eine Verbesserung der Wege und Straßen gegeben hat, ist eher fraglich. Auch damals standen Gelder dafür nicht unendlich zur Verfügung.

Straße in der Rostocker Alststadt

Der Teppich-Klopf-Streit

Viel Lärm um nichts

Zu Beginn des Monats Oktober im Jahre 1925 erhitzte ein besonderes Thema die Rostocker Gemüter und spaltete sie in zwei Lager, die Befürworter und die Gegner. Ausgangspunkt waren Anzeigen, die wegen der Störung der Mittagsruhe infolge **„rücksichtslosen Teppichklopfens"** bei den Behörden eingingen. Bald mussten sich die Rostocker Stadtverordneten mit einem Antrag befassen, gegen diesen **„Angriff auf Ruhe und Ordnung"** eine neue Verordnung zu erlassen. Sie sollte u.a. beinhalten, dass künftig eine lautstarke Reinigung des Teppichs mit dem bekannten **Ausklopfer** nur zwischen acht und elf Uhr genehmigt sei. Als sich die Presse dieses Themas annahm, kam es zu unendlichen Diskussionen, bei denen so manches scharfe Wort gesprochen und geschrieben wurde.

Doch nicht nur die Leser der Rostocker Zeitungen, sondern auch die Stadtverordneten verstrickten sich in Diskussionen über Sinn und Unsinn einer neuen Verordnung, zumal der Paragraph 84 der Straßenpolizeiordnung eine Regelung zum Lärmschutz der Einwohner beinhaltete. Aus dem sozialdemokratischen und aus dem kommunistischen Lager wurde gegen oben geforderte Regelung debattiert. Eine solche würde die Interessen einer Minderheit in unzulässiger Weise privilegieren und die Masse der berufstätigen Frauen in unverantwortlicher Weise benachteiligen.

Viel Luft um nichts, könnte man als Fazit des Teppich-Klopf-Streites ziehen. Eine neue Verordnung wurde schließlich von der Mehrheit der Stadtverordneten abgelehnt und der Antrag an die Polizeidirektion zurückverwiesen.

Osterfreuden – Kinderfreuden

Eier gefärbt mit Roter Beete

Ostern war als Kalenderfest mindestens genauso wie Weihnachten vor allem bei den Kindern beliebt. Da machten auch die Rostocker Göhren keine Ausnahme. Die Geschäfte in der **Kröpeliner Straße** und auch anderswo verbuchten Riesenumsätze im Vorfeld des Osterfestes. Gekauft wurden Zutaten für den Osterkuchen, allerlei Osterschmuck und natürlich viele kleine Leckereien für die Kleinen. Die Marktfrauen konnten bei den Kunden mit frischen Eiern punkten. Die brauchte man nicht nur für den Kuchen, sondern sie kamen gekocht und zum Beispiel mit **Zwiebelschalensud** gelblich-braun oder im **Saft der Roten Beete** röt-

Zu Ostern gab es Eier für die Kinder und selten Süßigkeiten

lich gefärbt in das **Osternest.** Mitunter wurden die gekochten Hühnereier aber auch nur in buntes Papier gewickelt. In dem mit **Moos** aus den **Dalwitzhofer Wiesen** ausgekleideten Osternest gesellte es sich meist zu Schokoladenhasen, Marzipan- und Schokoladeneiern und anderen verlockenden Süßigkeiten, von denen die Kinder kaum genug bekommen konnten. Wie reichhaltig das Osternest ausfiel, hing natürlich vom Geldbeutel und der Anzahl der zu beschenkenden Kinder ab. Während die **Arbeiter** aus **der Kröpeliner-Tor-Vorstadt** sparsam sein mussten, konnten die **Damen und Herren** aus dem **Bahnhofsviertel** das Osterfest etwas verschwenderischer genießen.

Eier verstecken

Ostereier sammelte man in den 20er und 30er Jahren gerne im **Barnstorfer Wald,** in den **Wallanlagen**, auf dem **Rosengarten** oder einfach auf dem **Rasen hinterm Haus**. Die **Warnemünder** nutzten dafür einen Spaziergang durch den **Kurpark** oder zur **Wilhelmshöhe**. Mitunter wurden die gefüllten Osternester aber auch nur in der Wohnung versteckt. Der Spaß am Suchen der begehrten Süßigkeiten war der gleiche. Und manchmal war die ganze Aufmerksamkeit gefragt, wenn man sie auffinden wollte. Sogar in Mammas Handarbeitskasten lohnte es sich, nachzuschauen. Jedes der Kinder versuchte dem anderen beim Aufspüren der Osternester zuvorzukommen. Mitunter kam es zu kleinen Raufereien unter der Rasselbande: *„He, das ist mein Osterei! – Nein, ich habe es zuerst entdeckt!"* Dann mussten die Eltern besänftigend eingreifen.

„Eimerbier" von Mahn & Ohlerich

Ostern war für die ganze Familie ansonsten eher ein geruhsames Fest. Man leistete sich am Ostersonntag gutes Essen. Bei gutem Wetter ging es dann im **Sonntagsstaat**, herausgeputzt, spazieren. Man erfreute sich an **blühenden Weidenkätzchen**, dem leuchtenden Gelb der Osterglocken und dem hellen Gesang der Vögel. War das Wetter schlecht, dann blieb man zu Hause und machte es sich dort so gemütlich wie möglich, mit **„Mensch ärgere dich nicht"** oder anderen Gesellschaftsspielen.

Zum **Kaffeetrinken** kamen meist Verwandte zu Gast, die man mitunter lange nicht gesehen hatte. Die blieben dann erfahrungsgemäß bis zum **Abendessen**. Und während sich die Großen unterhielten und sich manchmal auch einen guten Schluck gönnten (bei Mahn & Ohlerich konnte man „**Eimerbier**" kaufen!) futterten die Kleinen mitunter unbeachtet all ihre Süßigkeiten auf, was durchaus zu Bauchschmerzen und anderen Problemen führen konnte. Und wenn sich die Gäste dann dankend verabschiedeten, dann war das Osterfest eigentlich schon wieder vorbei. Dann also bis zum nächsten Jahr! ...

Leibchen und Strumpfbandhalter ...

Kinderkleidung war vor dem Krieg noch kein Marktsegment. Die Jungen trugen bis zu ihrer Konfirmation Sommer wie Winter **kurze Hosen**. Im Sommer fühlten sich die Burschen recht wohl in den kurzen Hosen, doch im Winter mussten sie sich mit **kratzigen Wollstrümpfen** herumquälen. Um die langen selbstgestrickten Strümpfe zu befestigen, wurden **Strumpfhalter** umgelegt, oder sie wurden an den so genannten **Leibchen** befestigt. Ein Gräuel für die meisten Jungen: Sie waren umständlich zu handhaben, unbequem und furchtbar unmännlich. Doch letztlich siegte der Verstand oder die harte Hand der Mutter. Alles war besser als blau gefrorene Beine. Glücklich schätzten sich die älteren Jungen, die schon lange Hosen tragen durften.

Lange Strümpfe, Leibchen und Strumpfbandhalter, für die Jungen ein Gräul

Die Auswahl bei der Bekleidung der Mädchen war kaum größer. Das Tragen von Hosen kam für Mädchen erst gar nicht infrage. So schlugen auch sie sich im Winter mit den Leibchen herum, an denen die ungeliebten Strümpfe geknöpft wurden.
Bei dem Schuhwerk waren die Alternativen für den Alltag nicht

groß. Bei schlechtem Wetter zogen die Kinder die unverwüstlichen Gummistiefel an. Sie hielten die Füße trocken, was bei den schlechten Straßenverhältnissen sehr wichtig war, und ließen sich leicht reinigen. In den Sommermonaten liefen die Kinder barfuß. Das war die praktischste und preiswerteste Variante.

Zum Osterspaziergang mit weißen Kniestrümpfen

Stichtag Ostersonntag

Sonn- und feiertags wurde großer Wert auf ordentliche Kleidung gelegt. Der Stichtag für das Tragen von **weißen Kniestrümpfen** war der **Ostersonntag**. Ganz unabhängig von der Witterung eröffneten die Mädchen an diesem Tag die **Kniestrumpfsaison**. Die Anweisung, sich auf keinen Fall schmutzig zu machen oder gar ein Loch in die Hose zu reißen, engte den Bewegungsdrang der Kleinen mächtig ein. Sie sehnten die Zeit nach dem Kirchgang und dem Mittagessen herbei, da sie dann meist die Erlaubnis erhielten, sich umzuziehen.

Das Füssilierdenkmal am St.-Georgs-Platz

Überschwängliche Feiertagsstimmung

Schon am Freitag, dem 25. September 1926 trafen in der Hafenstadt **Rostock** Gäste aus Nah und Fern ein. Unter ihnen beispielsweise **Herzog Adolf Friedrich** in Vertretung des Großherzoglichen Hauses. Dass der Großherzog selbst die Hafenstadt nicht beehren konnte – er weilte wegen seines angeschlagenen Gesundheitszustandes in der Schweiz –, beeinflusste das Festgeschehen in Rostocks Mauern kaum. Rostocks Straßen waren geschmückt mit **Girlanden** und **Fahnen**, die Menschen hatte eine feierliche Stimmung erfasst.

Soldat in Lebensgröße sollte an die „Helden"
des Ersten Weltkrieges erinnern

Was war der Grund für diese überschwängliche Feiertagsstimmung?

An diesem Wochenende im Herbst 1926 war zur **Enthüllung eines Denkmals** eingeladen worden, das an die gefallenen Rostocker im Ersten Weltkrieg erinnern sollte.

Schon am Abend des 25. September traf man sich in den Restaurationen **„Tonhalle"**, **„Wilhelmsburg"** und **„Mahn & Ohlerich's Keller"** zu Begrüßungsveranstaltungen.

Der St.-Georgs-Platz war als Standort für das Ehrenmal für die Gefallenen des Großherzoglich-Mecklenburgischen-Füssilier-Regiments Nr. 90 mit dem Ehrennamen „Kaiser Wilhelm" auserkoren worden. *„Das mecklenburgische Füssilier-Regiment ist mit Rostock als Garnison seit über 100 Jahren unlösbar verknüpft (...) Nun gilt es ein Wahrzeichen der Treue zu enthüllen, das in erster Linie dem Gedächtnis der Toten, sodann der Anerkennung der Lebenden und schließlich als eine Mahnung den kommenden Geschlechtern geweiht ist ..."* schrieb der „Rostocker Anzeiger".

Pathos: 10 000 Helden und die Liebe zum Vaterland

Der eigentlichen Einweihung des Denkmals ging am Sonntagmorgen am **Vögenteichplatz** ein **Feldgottesdienst** voraus, den Pastor Voß aus Biestow abhielt. Um 11.30 Uhr setzte sich ein **Festzug** von Tausenden Rostockern und Gästen in Bewegung, der über die **Lange und Breite Straße** zum **Kriegerdenkmal** an den **Wallanlagen** führte. Dort wurden erst einmal feierlich Kränze niedergelegt und weiter ging es zur **St.-Georg-Straße**. Um 12.30 Uhr wurde dort das Denkmal in der Grünanlage vor dem Lazarett feierlich enthüllt und Pastor Karsten aus Gehlsdorf hielt eine Weihrede u.a. mit folgendem Wortlaut: *„... dieses Denkmal soll uns dreierlei zeigen und bezeugen: ein Bild der Treue und der Wahrheit und der Hoffnung. Das Standbild ist ein einfacher, anspruchsloser Mann, der weiß, was es gilt, was er soll und was er will. Es geht nicht um die eigene Person und das eigene Gelten, sondern um die **Pflicht und um die Notwendigkeit** ..."* Welch ein Pathos in diesen Worten! Das naturgetreue Standbild eines Soldaten war von dem Plauer Bildhauer Prof. Wilhelm Wandschneider geschaffen worden. Es stand auf einem Granitsockel, für den der Rostocker Steinmetzmeister Garloff verantwortlich zeichnete.

Rostocks Bürgermeister Heydemann übernahm als Vertreter der Stadt das neue Denkmal voller Stolz und versicherte: *„Das Denkmal wird uns das liebste unter den Kunstdenkmalen der Stadt sein, weil es 10.000 Helden ehrt. Die Toten kannten nur eins: Das Vaterland. Unsere Aufgabe ist es, sie nicht zu vergessen und ihrer würdig zu werden durch selbstlose Liebe zum Vaterlande. In diesem Sinne übernehme ich das Denkmal als Dank für große Taten und gelobe im Namen der Stadt, dass wir das Denkmal pflegen, ehren und schützen werden!"*

Gleichwohl konnte er diese Selbstverpflichtung nicht erfüllen. Die Zeiten änderten sich bald und wie viele „kriegerische" Denkmale verschwand auch dieses nach dem Einmarsch der Sowjetarmee aus dem Rostocker Stadtbild.

Die Gefallenen von Warnemünde

... und noch ein Ehrenmal

Im Jahre 1927 entstand im Rostocker Stadtteil **Warnemünde** ein **Ehrenmal** für die 189 Einwohner des Badeortes, die im Ersten Weltkrieg gefallen waren.
Bis zum 2. Januar 1926 war ein Wettbewerb dafür ausgeschrieben worden, das Preisgericht bestand aus Stadtbaudirektor Berringer, Kunstmaler Parkikel (Berlin), der Rostocker Bildhauerin Scheel, Dipl. Ing. Wagner (Berlin) als Sachverständige und Stadtrat Gülich, Kaufmann Binge und Lehrer Stichnoth als Vertreter des Arbeitsausschusses.
Die eingereichten 31 Entwürfe wurden Ende Januar 1926 in der **Knabenschule** an der **Fritz-Reuter-Straße** zur öffentlichen Kenntnisnahme ausgestellt. Den ersten Preis erhielt der Rostocker Architekt Walter Butzek. Ihm folgten bei der Preisvergabe die Entwürfe der Rostocker Architekten Boy und Baresel.

Mit gewaltigem Aufwand durch Warnemünde

Am Volkstrauertag, dem 13. März 1927 wurde der Grundstein für das von Butzek entworfene Ehrenmal gelegt, und das mit viel Pathos und gewaltigem Aufwand. Die Protagonisten, darunter die **Warnemünder Vereine** und offizielle Vertreter der Stadt Rostock, hatten um 1.15 Uhr Nachmittags an der **Kirche** Aufstellung genommen, um dann über die **Mühlenstraße** zum **Friedhof** des Ortes zu marschieren, wo in einer feierlichen Zeremonie ein Ehrenkreuz eingeweiht wurde. Dann ging es durch das **Südtor des Friedhofes** zum **Strandweg**, an dessen nördlichem Ende das Ehrenmal künftig stehen sollte. Am Ort des Geschehens angekommen, sangen die Männergesangsvereine „Brüder weihet Herz und Hand!" Danach folgte die Ansprache von Pastor Helms, dann nach dem Versenken eines Kupferbehälters im Fundament die üblichen Hammerschläge durch Vereine und Behörden. Schließlich intonierten die Gesangsvereine noch „Wir treten zum Beten" und alle Versammelten sangen zum Abschluss der Veranstaltung das Deutschlandlied. Danach trat die gesamte Mannschaft den Rückmarsch über **Strandweg** und **Promenade** zur **Seestraße**, weiter über die **Bis-**

marckstraße zum **Kirchenplatz**, wo sich der Zug schließlich auflöste.
Die feierliche Einweihung des Denkmals erfolgte dann am 21. August 1927. Natürlich wieder zelebriert unter Teilnahme zahlreicher Vereine.

Ehrenmal in Warnemünde gefiel den Nazis nicht

Der „Rostocker Anzeiger" informierte seine Leser über das vollbrachte Werk:
„Auch Warnemünde hat nun ein Denkmal, das das Andenken seiner im Weltkriege gefallenen 190 Söhne ehren soll. Solche Denkmäler gibt es zwar in verschiedenen Ausführungen, aber sie sind doch sämtlich so gehalten, dass sie beim Publikum keinen Anstoß erregen, was dadurch erreicht wird, dass mit alten beliebten Symbolen und (...) Mitteln gearbeitet wird. Warnemünde hat sich von dieser hilflosen Art des Denkmalerrichtens ferngehalten. Einmaliger, persönlicher ist ein Werk eines Künstlers. Nun hätte man weiterhin irgendeinen Künstler beauftragen können, der sich verpflichtet hätte, ein einwandfreies Denkmal zu entwerfen. Auch das hat man nicht getan, sondern man hat das freie Spiel der Kräfte angeregt: man hat ein Preisaus-

schreiben erlassen. Und in diesem Preisausschreiben ist der erste Preis auf den Entwurf des Rostocker Architekten W. Butzek gefallen, einen Entwurf von starker Eigenart. Und schließlich: man hat den Mut gehabt, diesen Entwurf auszuführen (...) Warnemünde kann zufrieden sein mit seinem Ehrenmal; es ist würdig und wertvoll."

190 Warnemünder Tote für den Kaiser

Das Denkmal mit dem Titel „Vier Opferjahre" bestand aus vier Säulen. Die Höhe der Säulen: fünf, sieben, zehn und 15 Meter richtete sich nach der Anzahl der Gefallenen in jedem Kriegsjahr. Bei der Grundsteinlegung war ein verlöteter Kupferbehälter im Fundament des Denkmals versenkt worden, der u.a. eine durch den Rostocker Künstler Thuro Balzer gestaltete Urkunde enthielt. Auf ihr standen die folgenden, auszugsweise wiedergegebenen Worte aus der Feder des „Arbeitsausschusses zur Errichtung eines Ehrenmals 1914/1918":

„Unser Ehrenmal wurde errichtet und geweiht im Jahre 1927, als 11 Jahre vergangen waren nach den gewaltigen und ruhmreichen Angriffs- und Abwehrschlachten bei Verdun und an der Somme und nach der großen Seeschlacht vor dem Skagerak. Es soll ein hochragendes Zeichen der innigen Dankbarkeit sein für die 189 Söhne unseres Hafenorts Warnemünde, die in dem Weltkrieg 1914/18 den Heldentod für Heimat und Vaterland starben. Sie gingen in den Tod für Deutschlands Größe und Recht, getreu dem Fahneneide, den sie ihrem Kaiser geschworen hatten. Ihre Namen werden – in die Steine der vier Opfersäulen eingefügt – der Nachwelt überliefert (...) Nachfahren, die Ihr diese Urkunde lest, vergeßt nie den gewaltigen Heldenkampf unseres Volkes! Wißt, daß wir trotz aller Not nicht an unserem Vaterland verzweifeln, daß wir, die wir heute diese Urkunde niederlegen, sterben werden in dem festen Glauben, daß unsere Kinder und Kindeskinder sich würdig zeigen des eisernen Volkes von 1914/18."

Trotz alledem – den Nazis gefiel später das Denkmal nicht

Heroische Worte, die in der Stimmung durchaus auch den Zeitgeist der 30er Jahre trafen. Dennoch war das Denkmal den Nationalsozialisten ein Dorn im Auge. Sie wetterten gegen das Werk der „Neuen Sachlichkeit" und dessen Urheber. Im März 1938 berichtete der Rostocker Oberbürgermeister Volgmann auf einer Sitzung des Rostocker Stadtrates, dass sich die Stadtverwaltung mit einem Antrag auf Beseitigung des Denkmals an die Reichskammer für bildende Künste gewandt hätte. Von dort werde das Vorhaben begrüßt, da „diese Laienarbeit" nicht dem Empfinden des Volkes entsprechen würde. Zudem, so Volgmann, sei man aus dem Kreise der Bevölkerung schon eine ganze Weile Sturm gelaufen gegen das Denkmal. So würde man mit einem Abriss dem Willen der Rostocker entsprechen.

Noch im selben Jahr wurde das Denkmal in den Warnemünder Dünen schließlich abgebrochen.

Lichtwoche tauchte die Hafenstadt in helles Licht

Großes Angebot für Besucher

Im Jahr 1928 war ein besonderes Ereignis in aller Munde: die erste **Rostocker Lichtwoche** (29. Januar bis 4. Februar) unter dem Motto: **„Lasst Licht leuchten. Licht ist Leben"**. Initiiert von der „Zentrale der deutschen Schaufenster-Lichtwerbung Berlin" wirkten in Rostock Verkehrsverein und Elektrizitätswerk & Überlandzentrale maßgeblich an der Veranstaltung mit.

Die Eröffnung der Woche fand am Sonnabend, dem 28. Januar im Saal des Restaurants **„Tonhalle"** statt.

Der „Rostocker Anzeiger" berichtet ausgiebig über die Veranstaltung und ihr Flair: *„Beim Eintritt in den großen Saal, der um 8 Uhr dicht gefüllt war, leuchtete dem Beschauer von der Bühne her auf einem riesigen Transparent das Motto der Woche entgegen (...) Auf beiden Seiten symbolisch gewaltige Flammen, stilisiert, von packender Wirkung in ihren rot-gelb-blauen Farben. Auch die sonstige Beleuchtung des Saales war von Egon Tschirch in einer dem Sinne der Veranstaltung angepassten Weise sehr originell und eindrucksvoll angeordnet ..."*

Zeitungsverleger Carl Boldt, Vorsitzender des Arbeitsausschusses für die Lichtwoche, hielt die Begrüßungsansprache und eröffnete die Woche mit den Worten: ***„Unsere alte Heimatstadt Rostock wird heute Abend zum ersten Mal im hellen Licht der Lichtwoche erstrahlen. Die alten trutzigen Gebäude, die uns Kunde geben von der Kraft und Stärke unserer Vorfahren, die Zeugen sind von dem alten Hansegeist, der einst in diesen Mauern geschafft hat, werden in das Licht von Zehntausenden Kerzen getaucht sein. Die Neuzeit, die Jetztzeit will damit dokumentieren, dass auch sie arbeitet und neue Werte schafft."***

Den Gästen des Eröffnungsabends wurde dann die Aufführung des Melodramas „Die Entwicklung des Lichts" von Prof. Dr. Karl Krickeberg und der Musik von Kapellmeister Karl Reise mit Schlaglichtern aus der Menschheitsgeschichte (immer in Verbindung mit Licht und Feuer!) geboten. Ob dieses Spektakel nun besonderen Beifall bekam, wissen wir nicht. Vielleicht war es auch nicht jedermanns Geschmack, was da aufgeführt wurde. Dennoch, den Besuchern der Lichtwoche wurde eine ganze Menge geboten, so dass wohl jeder sich das heraussuchen konnte, was ihn interessierte. Es wurden Lichtbilder-Vorträge veranstaltet, man konnte Theateraufführungen besuchen, die Lichtrevue „Drauf- Drunter- Drüber" genießen oder das **Kraftwerk in Bramow**, die **Brauerei Mahn & Ohlerich**, die **Geologische Sammlung** und die **Produktionsräume des „Rostocker Anzeigers"** besichtigen.

„Völkerwanderung" in Rostock

Außerdem wurde ein Wettbewerb ausgelobt, bei dem das Publikum die an der Lichtwoche teilnehmenden Läden mit ihren „lichtgestalteten" Schaufenstern bewerten sollte. Rund 130 Preise waren für das bewertende Publikum bereitgestellt, darunter die verschiedensten elektrischen Geräte vom Haartrockner bis zum Staubsauger. Es gab aber auch zwei Geldpreise in Höhe von 500 und 200 Mark, Torte und eine deftige Schlagwurst zu gewinnen. Für die Ladenbesitzer mit den meisten Punkten waren Diplome und Medaillen vorgesehen.

Die **Rostocker Lichtwoche** wurde offenbar für alle Beteiligten zum Erfolg. Der „Rostocker Anzeiger" berichtet: *„Die Rostocker Licht-Woche ist zu einem ganz großen Ereignis geworden. Mit einem ungeahnt hohen Interesse nimmt die gesamte Bevölkerung daran teil (...) Bis in die späten Nachtstunden wandelten die Menschen durch die hellerleuchteten Straßen und über die Plätze, an denen die großen Bauten in magischem Lichte erstrahlten (...) Viele Auswärtige sind nach Rostock gekommen, um das Ereignis mitzuerleben. Gewissermaßen einer Völkerwanderung gleich, in dichten Reihen bewegte sich das Publikum durch die Hauptstraßen der inneren Stadt."*

Manch ein Rostocker mag staunend vor dem einen oder anderen Gebäude gestanden haben. So hatte er es noch nie erlebt: **Stadttheater, Steintor, Rathaus** und **Kirchen** – alles erstrahlte in einem zauberhaften Licht.

Den Abschluss der Lichtwoche am 4. Februar bildete ein feuriger und ebenso gut besuchter Theater-Maskenball **in Rostocks Stadttheater** vis-a-vis des **Rosengartens**.

In der Rostocker Heide

Vögel, Schlangen, wilde Tiere

Die **Rostocker Heide** übte schon immer auf ihre Besucher einen gewissen Reiz aus. Für viele zählte sie „... unbestritten zu den schönsten Wäldern Norddeutschlands". Mit ihren unterschiedlichen Waldbeständen und Nassbereichen war sie auch in den 20er und 30er Jahren nicht nur ein von den Menschen geschätztes **Wandergebiet**, sondern beherbergte auch eine interessante Fauna und Flora.
Allerdings führte die intensive Waldnutzung in den Forsten zu einer **Verarmung der Tierwelt**. Einer, der es aufgrund seiner Tätigkeit in der Rostocker Heide wissen musste, machte 1929 die Rostocker darauf aufmerksam.
Revierförster Ludwig Köster blickte in einer Publikation **„Die Jagd in der Rostocker Heide"** auf seine Dienstzeit zurück und beklagte zum Beispiel den Rückgang der brütenden Vogelarten dort:
„Wenn ich heute einen Vergleich ziehe mit der Zeit, die sechzig oder mehr Jahre zurückliegt, dann muß ich mit Wehmut im Herzen feststellen, dass sich die Vogelwelt in erschreckender Weise verändert hat. Ging ich damals im Frühling und Sommer durch den Wald, dann sang und jubilierte es überall, während man heute selten einen Vogel sieht und hört."
Köster weiß zu berichten, dass 1929 noch Kranich, Sing- und Höckerschwan, Wanderfalke, Würg- und Rötel- und Turmfalke, Rauhfußbussard, Gabel-, Rohr- und Wespenweihe, Habicht, Sperber, Schwarzspecht, Wald- und Sumpfohreule und sogar der Eisvogel als Brutvögel vorkamen. Letzteren, so Köster, hätte er wegen seines glänzenden Gefieders nicht Eis-, sondern „Gleißvogel" genannt.
Dagegen waren seiner Meinung nach 1929 Wiedehopf, Blauracke, Schwarzstorch, Fischadler, Seeadler und Kolkrabe wohl für immer als Brutvögel aus der Rostocker Heide verschwunden.
Köster berichtet auch über das Großwild der Heide, über Wildschwein, Rothirsch und Reh. Und darüber, dass früher auch Elch, Wolf, Luchs und Bär vorkamen. Zwei Erlebnisse mit „wilden Tieren" gab Köster auch noch zum Besten.

Braunbär und Dromedar in der Rostocker Heide

Einmal war er überraschend mit einem Braunbären zusammengetroffen: *„Ich kam die Meyerhaussteller Schneise (diese schneidet die Pöstenschneise) entlang in Jagdausrüstung und sah auf etwa 100 Meter vor mir auf dem Schnittpunkt der Schneide den Bären vorüberwechseln (...) Es folgten dann nach ungefähr 50 Metern ein Dromedar und zwei Männer."* Damit war klar, es waren Schausteller, die in den Ostseebädern Graal und Müritz mit ihren Tieren Vorstellungen geben wollten und aus diesem Grund die Heide querten. Köster war jedoch schon in gehörige Aufregung geraten: *„Ich sah aber zuerst tatsächlich nur den Bären, denn der Führer war ungesehen von mir passiert. Am Tage darauf erzählte mir ein Kollege, daß auch er den seltenen Anblick eines Bären in seinem Revier gehabt habe."* Schon einmal hatte eine Wandermenagerie, nämlich zu Beginn der 1880er Jahre für Aufregung gesorgt. Damals war nach einem Unfall ein Löwe aus seinem Käfig entwichen und konnte trotz vielfältiger Anstrengungen der Besitzer nicht wieder eingefangen werden. So musste eine Abteilung Füsiliere aus Rostock anrücken und den „König der Tiere" schließlich erschießen.

Von „widerlichen" Heide-Tieren

Neben seinen Betrachtungen zur Vogelwelt und einiger Worte über das Großwild hält es Köster für wichtig, auf die Reptilien der Rostocker Heide hinzuweisen, die wohl schon so manchen unbedarften Wanderer erschreckt haben mögen. Wie bei vielen seiner Mitbürger ist der Abscheu gegenüber Schlangen – vor allem Giftschlangen – auch bei Köster offenbar tief verwurzelt gewesen. Von der **Kreuzotter** weiß er zu berichten, dass sie 1929 nur noch vereinzelt in der Rostocker Heide vorkam. Das war um 1920 wohl noch anders, denn Köster erzählt: *„Auf der Schnepfenjagd bin ich einmal an einem Tage mit 10 Stück zusammengetroffen, die bis auf eine, die spurlos verschwand, erledigt wurden."* Und er führt weiter aus: *„Wenn für mich die widerlichsten Tiere Schlangen und Ratten sind, so will ich hier doch erwähnen, dass ich einer Ringelnatter und Blindschleiche nie etwas zu Leide getan habe, ja, dass ich diesen harmlosen Tieren, wo ich nur konnte, meinen Schutz habe angedeihen lassen."*

Begegnung mit einer Kreuzotter

In seinem Widerwillen gegen die giftigen Kreuzottern stand Ludwig Köster offenbar nicht alleine. Er berichtet in seinen Erinnerungen über einen Forstarbeiter, *„... der, wenn die Sonne schön schien, und er sich in einer Reviergegend befand, wo erfahrungsgemäß viele Kreuzottern waren, er aus Passion seine Mittagspause opferte, und während solcher auf Wegen und Schneisen Kreuzottern suchte, und solche erschlug. Ich entsinne mich, dass er einmal sechs Stück auf einem Kreuzweg über einen Busch gehängt, die er in einer Stunde vom Leben zum Tod befördert hatte!"*
Aus heutiger Sicht ein Naturfrevel sondergleichen.

Betriebsunfall auf der Werft

Schon im Jahre 1929 war auf unwegsamen Gelände am Rande des zu Rostock gehörenden Badeortes Warnemünde, in der Nähe des alten Lloyd-Bahnhofes, eine Yacht- und Bootswerft entstanden. Anfangs baute man auf der Werft der Brüder Hans und Karl Kröger Motorboote und Segelyachten. Als 1939 (unter den Nazis) dann Rüstungsaufträge die Kassen klingeln ließen, expandierte die Werft in der Folgezeit sogar. In den Jahren 1938/1939 hatte die Kröger-Werft immerhin zwischen 300 und 400 Beschäftigte. Am 4. Januar 1939 meldete die „Warnemünder Zeitung" einen

betrüblichen Unfall auf der Kröger'schen Bootswerft. Offenbar durch Unachtsamkeit beim seitlichen Verschieben eines Motorbootes wurden zwei Arbeiter offensichtlich getötet, ein Arbeiter schwer verletzt sowie vier weitere leicht verletzt. Einer der zu Tode gekommenen Beschäftigten war der 33-jährige Bootsbauer Alfred Blackstein, wohnhaft in der Bismarckstr. 1, der andere war der Arbeiter Hans Itner.

Die Untersuchung des Hergangs des Unglückes ergab, dass offenbar Fahrlässigkeit weiterer Beteiligter zu dem bedauernswerten Unfall führte. Es wurde ein Haftbefehl gegen zwei weitere Arbeiter der Kröger-Werft gestellt. Natürlich war damit das Unglück nicht rückgängig zu machen. Nach kurzer Trauerphase nahm die Arbeit auf der Werft wieder ihren gewohnten Gang.

Als Rostock eine neue Klinik erhielt

15 Jahre Bauzeit!

Am 22. März 1930 wurde in der **Hafen- und Universitätsstadt Rostock** eine für das ganze Land wichtige Klinikerweiterung eingeweiht: Nach 15 ½ Baujahren konnten endlich die neue **Chirurgische Universitäts-Klinik** und das **Pathologische Institut** an der **Strempelstraße** in Nutzung gegeben werden.

Der „Rostocker Anzeiger" berichtete: *„Zu heute Vormittag um 10 Uhr hatte das Staatsministerium als Eigentümer der neuen Baulichkeit zu einer internen Feierlichkeit die Spitzen der staatlichen sowie städtischen Behörden, Vertreter von Industrie und Handel sowie die in Rostock ansässige Ärzteschaft eingeladen."*

Vor diesen Gästen hielt Oberbaurat Wachenhusen vom Hochbauamt eine Rede, in der er die Geschichte des Baues Revue passieren ließ, der 1913 projektiert und 1914 begonnen worden war. Zahlreiche Hemmnisse (u.a. kam der Erste Weltkrieg dazwischen) hatten die Fertigstellung der Bauten lange

Neue Universitäts-Klinik

Zeit unmöglich gemacht. 1926 schließlich war ein Beschluss der Landesregierung ergangen, die Klinikbauten in Rostock „beeilt" fertig zu stellen, nachdem man mehrmals die Pläne nach Einsparmöglichkeiten durchforstet hatte. Dennoch hatte der neue Klinikbau 5.070.700 Mark gekostet.

Doch schließlich war die Freude groß

Genauso wie Staatsminister Haack von der Regierung Mecklenburg-Schwerins brachte Oberbaurat Wachenhusen seine Freude zum Ausdruck, dass mit der neuen Klinik nun endlich die „mißlichen Zustände" des alten Klinikbaus überwunden wären. Der Staatsminister überbrachte die Grüße der Landesregierung. Der Rektor der Rostocker Universität Prof. Dr. Brunstäd bedankte sich und nannte die **Klinikeinweihung** einen Festtag für die ganze Universität, *„die mit Stolz auf die Blüte ihrer medizinischen Fakultät blickt."*

Die Glückwünsche der Seestadt Rostock überbrachte der stellvertretende Bürgermeister Stadtrat Dr. Lewerentz, der daran erinnerte, dass der Klinikneubau ohne das Engagement der Stadtverwaltung kaum in diesem Umfang möglich gewesen wäre. Die Stadt hätte das Baugelände kostenlos zur Verfügung gestellt, außerdem würden umfangreiche Bauarbeiten ausgeführt, damit künftig eine **Autobusverbindung** zwischen **Stadtzentrum** und **Klinik** möglich werde. Die Einweihungsfeier an jenem denkwürdigen 22. März endete mit einem Rundgang der Anwesenden durch die neuen Gebäude. Die neue Klinik mit dem Pathologischen Institut und weiteren Nebengebäuden, darunter moderne Laboratorien, waren auf einer Fläche von rund 90.000 qm entstanden. Die Klinik mit der Kapazität von 270 Krankenbetten, umfasste u.a. auch eine moderne Röntgenabteilung sowie Chirurgische und Orthopädische Poliklinik. Im Dachgeschoss des Klinikbaus waren übrigens Wohnungen für Ärzte, Medizinalpraktikanten und Pflegeschülerinnen eingerichtet. Außerdem waren hier noch zwei kleine Isolier-Stationen untergebracht.

Am 24. März 1930 begann man mit der Überführung der Kranken aus der alten **Chirurgischen Klinik** in das neue **Klinikum der Rostocker Universität**, welches fortan einen guten Ruf im Lande hatte.

St. Jacobi

... eine Kirche, die anders war

Eine Kirche, die in ihrem Baustil ein wenig von den anderen großen Gotteshäusern Rostocks abwich, war die **Jakobikirche** im Stadtzentrum der Hafenstadt gelegen.

Die Jakobikirche *„... erhebt sich inmitten eines grünen, umschatteten Platzes als dreischiffige gotische Hallenkirche mit Fortlassung der Querschiffe..."* Eindeutig für den Betrachter war die Abweichung in den architektonischen Grundverhältnissen zu erfahren: statt Höhe, hatte **St. Jakobi** eine stärkere

Scheidbögen und Pfeiler in St. Jacobi

Breitenwirkung als die anderer Stadtkirchen. Das schrieben Kunstkenner der Einwirkung englischer Kathedralgotik des 13. Jahrhunderts auf die niederdeutsche Backsteingotik zu.
„Die Fenster sind hoch und schmal, an der Nordseite sogar blind, doch wird der Ausfall durch die reizende Galerie von Spitzgiebelchen mit zierlichen Rosetten und Kreuzblumen aufs vorteilhafteste abgeschwächt."

St. Jacobi in ihrer außergewöhnlichen Pracht

Richard Sedlmaier schreibt 1931 in seinem Buch „Rostock":
Das Innenbild der um 1300 erbauten, einst weiß getünchten
Kirche „... *ist trotz hässlicher Verstärkungen der südlichen Scheidbögen und Pfeiler, die von statischen Unzulänglichkeiten nachträglich erzwungen worden sind, und trotz geschmackloser Ausmalung eines der schönsten und überraschendsten des Ostseegebietes."*

Kunstliebhaber sahen in der steinernen Kanzel, datiert auf das Jahr 1502, ein hervorragendes Kunstwerk. *„Die Kanzelthür bietet in der Kreuzigung und Auferstehung Christi ein prächtiges Beispiel deutscher Intarsienarbeit der Hochrenaissance."*
Die Jakobikirche besaß einen Turm, der sich 99 Meter hoch (110,5 Meter über NN) in den Himmel reckte. Geschmückt mit einem Helm von 1588, einer Sonnenuhr und den schwarz glasierten Ziegeln war er durchaus ansehnlich und in der Silhouette der Stadt weithin recht gut zu erkennen.
Die Jakobikirche wurde leider ein Opfer der Zerstörung. Ihr Niedergang begann am 26. April 1942, als sie bei einem Bombenangriff auf Rostock in Brand geriet.

Ein Seekabel auf dem Grund der Ostsee

In den Morgenstunden des 7. Juli 1931 tauchte ein merkwürdiges Schiff vor **Warnemünde** auf. Nur Eingeweihte wussten es zu identifizieren, zumal ein solches Spezialschiff dem **Rostocker Hafen** nur äußerst selten einen Besuch abstattete. Es handelte sich um ein Spezialschiff, den **Kabelleger „Norderney"**, der auf der Reede in Sichtweite des Hafenortes an der Warnow mit Anlandungsarbeiten für das zweite Seekabel begann, das Deutschland mit Dänemark verbinden sollte. Schon Jahrzehnte zuvor war das erste Kabel von Küste zu Küste auf den Meeresgrund gelegt worden. Seit dem 3. September 1888 verband es **Gedser** und **Warnemünde.**

Der Warnemünder Geschichtsschreiber Friedrich Barnewitz bemerkt dazu:

„Um das Kabel wiederzufinden, wurde in den Dünen auf der Bismarckpromenade vor der Villa Hübner ein hoher grün angestrichener Mast mit einem dreieckigen Zeichen errichtet. Wenn Kirchturm und er in einer Linie standen, so befand man sich über dem Kabel."

Kabelleger „Norderrney" war ein Spezialschiff

Als das erstverlegte Kabel dem gestiegenen Kommunikationsbedürfnis nicht mehr gerecht werden konnte, entschieden die Regierungen beider Ostseeländer, ein weiteres Seekabel zu verlegen. Auf der **Warnemünder Reede** wurde es von Booten übernommen und an Land geschleppt. **„Der letzte Rest der Anlandungsarbeiten musste von Männern verrichtet werden, die unter höchstem körperlichen Einsatz bis zur Brust im Wasser stehend, das Kabel an Land brachten.",** berichtete der „Rostocker Anzeiger".

Deutsche Dahlienschau in Rostock

Bis zu 25 000 Menschen im Tiergarten

Ehefrau zu ihrem Mann: *„Ach Egon, gucke mal da! Die Farbe dieser Blume passt ja besonders gut zu meinem Kleid."* So oder ähnlich mag es geklungen haben, als im Sommer 1931 die Damen und Herren bei einem Spaziergang im **Tiergarten** die Farbenpracht der ausgestellten Dahlien mit überschwänglicher Euphorie in Augenschein nahmen. Sogar aus Berlin waren Blumenliebhaber mit dem Zug angereist, denn eine **„Deutsche Dahlienschau"** war ja ein überregional bedeutendes Ereignis.

Die Dahlie (zu Ehren des schwedischen Botanikers Andreas Dahl so benannt) gehört zur Familie der Korbblütengewächse. Ihr Ursprungsland ist eigentlich Mexiko.

Rostock hat eine lange Traditionen in der öffentlichen Präsentation von Dahlien. Nachdem schon in den Vorjahren immer wieder Dahlienpflanzungen gezeigt wurden, legte man 1931 noch einmal kräftig „einen drauf". Am 2. August 1931 wurde im **Rostocker Tiergarten** im **Barnstorfer Wald** eine Dahlienausstellung eröffnet, die allerorts gerühmt wurde

Rostocker Tiergarten

und die Tausende Rostocker und ihre Gäste zu einem Besuch der Örtlichkeiten anregte. Rund 20.000 Pflanzen waren dafür in Regie des **Verkehrsvereins Rostock** und der Deutschen Dahlien- Gesellschaft ausgepflanzt worden.

Voll des Lobes
Der „Rostocker Anzeiger" äußerte sich über diese „Deutsche Dahlienschau" anerkennend: **„Wundersam ist der Anblick der Pflanzungen, die in Terrassenform ab- und ansteigend den großen Teich umrahmend, als deren Krönung ein moderner Steingarten einer hiesigen bekannten Firma einen sehenswerten Abschluß bildet. Zwischen Findlingen und anderen Gesteinen blühen hier und wachsen und gedeihen die verschiedensten Alpenstauden, kriechende Gehölze usw. in all ihrer Schönheit und Seltenheit (...)**
Springbrunnen und allegorische Figuren tragen zum weiteren Schmuck der Anlagen bei, und am Abend erstrahlt dieser Zaubergarten durch die unzähligen elektrischen Beleuchtungskörper in einem märchenhaft magischen Glanze. Jedenfalls dürfte die Dahlienschau eine der bedeutendsten Veranstaltungen sein, die Rostock bisher gesehen hat ..."

Dahlien in mannigfaltigen Formen und Farben

Eine Dahlienkönigin wurde gewählt

Für den Fremdenverkehr brachte die Dahlienschau recht positive Ergebnisse. Während am Eröffnungstag 4.000 Besucher gezählt wurden, waren es am zweiten Tag schon 10.000 und an manchen Tagen sollen bis **25.000 Menschen** in den **Barnstorfer Anlagen** unterwegs gewesen sein. Davon profitierte auch die **Rostocker Straßenbahn**, die diesem Ansturm fast nicht gewachsen war, und nicht zuletzt die Gastwirte, die auf dem Ausstellungsgelände angesiedelt waren. Die Dahlienschau wurde von einer Reihe Veranstaltungen umrahmt. Es gab eine Auto-Schau, Platzkonzerte, Tanz bis Mitternacht, Kinderfest mit Lampionumzug und schließlich als Höhepunkte waren die **Wahl der Dahlienkönigin** und am 19. August 1931 ein Höhenfeuerwerk zu erleben, das rund 10.000 Menschen begeisterte.

Maurermeister stand als Betrüger vor Gericht
In den Jahren 1937 und 1938 kassierte der Rostocker Maurermeister Arnold Schuldt offenbar eine erkleckliche Summe, als er neben seiner beruflichen Tätigkeit einer „Nebentätigkeit" nachging, die ihm allerdings eine Menge Ärger einbrachte. Während dieser versetzte er eine Reihe von Einwohnern der Hansestadt in Angst und Schrecken und nötigte sie zum Erwerb von völlig unnötigen Dingen. Nachdem er von einem seiner Kunden deswegen angezeigt worden war, stand Maurermeister Schuldt im Februar 1939 schließlich vor Gericht.
Ihm wurde vorgeworfen, in betrügerischer Absicht seinen Kunden eine reale Bedrohung durch gefährliche Erdstrahlen eingeredet zu haben. Als diese dann verunsichert und voller Angst die Frage nach eventueller Abhilfe stellten, verkaufte er ihnen zu saftigen Preisen Abschirmrohre, Radiumtabletten, Astralketten und anderes unnützes Zeug und bestärkte sie in dem Glauben, dass diese Dinge sie vor der Beeinflussung durch die Erdstrahlen schützen würden. Welche Strafe den „Freibeuter des Strahlenglaubens" ereilte, darüber berichtete die Zeitung leider nicht. Es ist anzunehmen, dass er zumindest diejenigen Rostocker, die sich als Geschädigte bei den Behörden meldeten, finanziell entschädigen musste.

Der neue Botanische Garten

Die Flora der Welt mitten in Rostock
In den Jahren vor dem Zweiten Weltkrieg wurde in Rostock die Neuanlage eines Botanischen Gartens unter Leitung des 1923 berufenen Direktors **Prof. Hermann von Guttenberg** mit maßgeblicher Beteiligung des Gartenarchitekten **Arno Lehmann** und des Garteninspektors **Erich Rulsch** realisiert. Im Jahre 1935 stellte die Stadt Rostock auf nachdrücklichen Wunsch der Landesregierung ein geeignetes **Gelände** an der **Lübecker Straße** (die spätere Hamburger Straße) zur Verfügung. Immerhin 200.000 Mark wollte man sich den neuen Garten kosten lassen. Das Interesse der Rostocker an einer derartigen Sammlung von Pflanzen aus aller Welt war groß. Es sollte der größte und bedeutenste Botanische Garten Goßdeutschlands werden.

Der „Rostocker Anzeiger" vom 16. August 1935 berichtet über die Pläne zur Anlage eines neuen Botanischen Gartens und bemerkt treffend:
„Schon seit langer Zeit hat sich der an der Doberaner Straße liegende Botanische Garten der Landesuniversität Rostock als nicht ausreichend erwiesen."

„Rostocks Botanischer Garten wird vorbildlich!"
Das neue Gelände erstreckte sich im Westen Rostocks, von der **Lübecker Straße**, am damaligen **Militärsportplatz** vorbei, bis fast an die Gartenstadt. Vorher waren dort Kleingärten. Die Besitzer wurden entschädigt.
Das Vorhaben sollte mehrer Jahre Bauzeit in Anspruch nehmen – so sah man es voraus.
Nach umfangreichen Vorbereitungsarbeiten wurde 1937 mit dem Bau der Anlage und der Wege begonnen. Ein Teich mit Moor entstand. 1938 wurde vor allem an der Aufschüttung und Gestaltung des Alpinums gearbeitet, dessen Gestaltung Arno Lehmann oblag. Dafür musste man rund 5000 Kubikmeter Boden heranschaffen, um diese hüglige Anlage aufzufüllen. Zum einen „versteckte" man darin Beton- und Ziegelbruch, zum anderen kam hier der **Bodenaushub** des neuen

Polizeikasernengebäudes zum Einsatz. Für die Gestaltung des Alpengartens benötigte man auch entsprechende Natursteine. Aus Oberbayern erhielt man Muschelkalk und auch aus Rüdersdorf bei Berlin kamen Kalksteine nach Rostock, insgesamt 800 Kubikmeter.

Der „Rostocker Anzeiger" konstatierte am 7. April 1938 nach einem Besuch auf der „botanischen Baustelle" und der Feststellung, dass dort fleißig gearbeitet werde: *„**Rostocks Botanischer Garten wird vorbildlich!**"*
Bis zum Sommer 1939 wurde die Bepflanzung des Alpinum abgeschlossen, die Pflanzen waren laut Verlautbarung des Gartendirektors Prof. von Guttenberg von ihren Originalstandorten in den Gebirgsregionen nach Rostock gebracht worden und stellten damit eine einzigartige Pflanzensammlung dar.

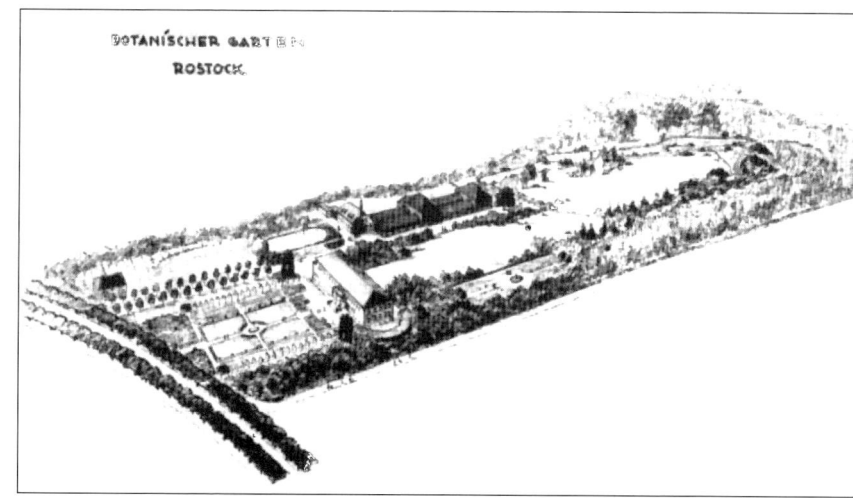

Der Botanische Garten Rostocks in seiner ursprünglichen Planung

Projekt „Botanischer Garten" wurde nie abgeschlossen
Auch wenn der zunächst sechs Hektar große Garten zu Pfingsten 1941 erstmalig der Bevölkerung zugänglich gemacht wurde (am Pfingstmontag wurden 700 Besucher gezählt!) und in der Folge vom Rostocker Publikum als Grünanlage hinreichend zum Flanieren genutzt wurde, war die Entwicklung des Gartens noch längst nicht abgeschlossen.

Im Juni 1941 vermutete der „Rostocker Anzeiger": *„Nach seiner Fertigstellung verspricht der Garten mit seinen Gebäuden eine der vollkommensten Anlagen dieser Art im Großdeutschen Reich zu werden (...)* **Das Gelände soll ja auch ein neues Botanisches Institut und eine umfangreiche Gewächshausanlage aufnehmen, die unter den gegebenen Verhältnissen in einer allen wissenschaftlichen Bedürfnissen entsprechenden Weise ausgeführt werden sollen ..."**

Das allerdings sollten fromme Wünsche bleiben. Der Zweite Weltkrieg und die Nachkriegssituation, in der man andere Probleme meistern musste, setzte diesen Planungen und einer Umsetzung ein jähes Ende. 1944 wurde ein Teil der Gartenanlage bei einem Bombenangriff zerstört. Erst nach Kriegsende beseitige man die Schäden und vergrößerte die Anlage. Neue Gewächshäuser konnte man sich jedoch nicht leisten.

Nordlicht faszinierte Rostocker

Im Januar 1938 kam es aufgrund verstärkter Sonnenaktivität in ganz Europa zur Sichtung des sogenannten **Nordlichts**, das eigentlich vor allem aus dem skandinavischen Norden bekannt war. Auch in Rostock konnte dieses Phänomen am Himmel, hervorgerufen durch bis in die Erdatmosphäre dringende Teilchen des Sonnenwindes, in den Farben Rot und Grün sehr gut wahrgenommen werden.

Ein Redakteur des **„Rostocker Anzeigers"** schrieb in Auswertung dieses Ereignisses: **„Wenn man jetzt hört, dass auch Rostocker das Nordlicht gesehen haben, dann bedauert man, im Bett gelegen zu haben."**

So waren zwei Rostocker Straßenbahnbeamte die Glücklichen, die in der Nacht vom 26. zum 27. Januar 1938 ein solches Nordlicht zu Gesicht bekamen, **„...wie sie nachts um 2 Uhr vom Dienst kamen und in nördlicher Richtung einen roten Schein am Himmel sahen. In der Annahme, dass es sich um ein größeres Feuer handelte, gingen sie zum Hafen hinunter, um dort freie Sicht zu haben. Tatsächlich sahen sie dort in Richtung Dierkow weit, weithin den roten Schein am Himmel ..."**

Verwundert standen sie und rätselten hin und her und wussten sich so recht keinen Reim auf das Gesehene zu machen. Als sie Tags darauf die Zeitung aufschlugen und Berichte über das in mehreren Ländern aufgetretene Himmelsspektakel lasen, war das Rätsel gelöst und sie meldeten sich in der Zeitungsredaktion.

Straßenbahn – Zankapfel „Pünktlichkeit"

Nächste Haltestelle Hopfenmarkt!

Immer wieder kam es vor, dass die Straßenbahn trotz straffen Fahrplans unpünktlich an den Haltestellen eintraf. Das war natürlich für diejenigen Fahrgäste ärgerlich, die schnell zu einem wichtigen Termin mussten, aber auch unangenehm für diejenigen, die bei Wind und Wetter an den Haltestellen auf die Straßenbahn warteten. Ärgerlich war die Unpünktlichkeit und deren Auswirkungen auch für das Image der **Rostocker Straßenbahn AG**, deren Mitarbeiter – und hier vor allem die Fahrer – den Unmut der Fahrgäste mehr als einmal zu spüren bekamen. Im Februar 1938 las man dazu im „Rostocker Anzeiger" folgende Zeilen:

„Immer wieder hört man Klagen über eine gewisse Unpünktlichkeit der Straßenbahn. Zum größten Teil ist diese Unpünktlichkeit auf ein zu langsames Ein- und Aussteigen der Fahrgäste zurückzuführen (...) Wenn zum Beispiel der Schaffner ruft: Nächste Haltestelle Hopfenmarkt! – dann tut derjenige Fahrgast, der an dieser Haltestelle aussteigen will, gut, sich sofort zu erheben, um in dem Augenblick, in dem die Straßenbahn hält, aussteigefertig zu sein."

Straßenbahn auf dem Marktplatz vor dem Rathaus

Verkehrserziehung gegen unpünktliche Straßenbahn

Gemeinsam mit der Verkehrspolizei und dem Verkehrserziehungsdienst initiierte die Rostocker Straßenbahn AG eine „Beschleunigungsaktion", die wohl einzigartig in der Geschichte des Rostocker Verkehrswesens dasteht und die bei den Fahrgästen für Aufregung sorgte. Vom 23. bis 26. Februar 1938 waren die Polizeibeamten und Zivilkräfte im Einsatz, um den Rostockern mit Ratschlägen zu einem besseren Verkehrsverhalten zu erziehen. Sogar Großlautsprecherwagen waren zu diesem Zweck im Einsatz. Und so konnte man durchaus plötzlich eine Stimme aus dem Lautsprecher sagen hören: *„Sie handeln falsch, meine Dame! Überqueren Sie bitte die Fahrbahn nicht vor der Straßenbahn, denn dort fehlt Ihnen der freie Blick auf das Verkehrsgeschehen!"* Was zumindest zur Folge hatte, dass die so Angesprochenen zurückschreckten und oft vor Scham erröteten. Das Hauptaugenmerk der Akteure lag jedoch auf der Propagierung des richtigen Verhaltens an der Straßenbahnhaltestelle: *„Da kommt die Linie 1 der Straßenbahn – stehen Sie schon auf, gehen Sie an den Anfang des Wagens, erleichtern Sie dem Schaffner seinen anstrengenden Dienst. Halten Sie das Fahrgeld bereit und abgezählt. Die Straßenbahn ist keine Wechselstelle für Hundertmarkscheine! Das Aus- und Einsteigen muß in Ruhe und doch mit persönlicher Schnelligkeit stattfinden!"*

Ob diese Art der Verkehrserziehung bei den meisten Rostockern Früchte trug – wir wissen es nicht.

Jedenfalls berichtete der „Rostocker Anzeiger" am 25. April 1938 schon wieder über eine Übertretung der Regeln durch einen Fahrgast: *„Einen empfindlichen Denkzettel erhielt ein junger Mann, als er auf dem Lübecker Platz auf die fahrende Straßenbahn springen wollte. Er kam dabei zu Fall und wurde mehrere Meter mitgeschleift. Der Vorfall ging noch verhältnismäßig gelinde aus. Er holte sich beträchtliche Hautabschürfungen und hatte sich seine neue Hose völlig durchgescheuert."*

Pferdefuhrwerk versank in der Warnow

Am 4. Januar 1938 ereignete sich an der Warnow ein Maleur, das zahlreiche Zuschauer, aber auch ein glückliches Ende fand.

Am Nachmittag dieses Wintertages war ein mit einem Pferd bespannter Wagen einer Rostocker Firma in der Nähe der Kalkbrennerei Schröder an das Ufer des Flusses herangefahren, um dort eine Ladung Schnee abzuladen. Plötzlich wurde das Pferd unruhig. Es machte mitsamt dem Wagen eine unvorhergesehene Wendung und raste in die Warnow. Dort fand es sich plötzlich bis zum Hals im Wasser stehend wieder.

Der „Rostocker Anzeiger" berichtete darüber wie folgt:

„Durch die Zurufe herbeieilender Menschen noch unruhiger geworden, stürmte das Tier weiter in die Warnow hinein, wobei es auch den Wagen, dessen Hinterräder zunächst noch auf der Uferschwelle gestanden hatten, hinter sich herzog. Im letzten Augenblick war es dem Kutscher gelungen, beiseite zu springen. Er wäre sonst durch den auf ihm lastenden Wagen ins Wasser gedrückt worden."

Schließlich gelang es herbeigeeilten Arbeitern, nachdem sie das Pferd mit Stangen im Wasser hochgehalten hatten, das Zaumzeug zu durchschneiden und damit das Tier vom Wagen zu trennen. Dann wurde das Pferd, „das nur wenige Schrammen davongetragen hatte", an Land gezogen. Mühselig konnte auch der Wagen aus dem zum Teil vereisten Wasser der Warnow gezogen werden. Die Zeitung offerierte dazu Einzelheiten: „Unter Zuhilfenahme von Brettern, die auf die am Uferrand nur dünne Eisdecke gelegt wurden, gelang es (...) Taue und eiserne Ketten an dem Wagen zu befestigen."

Dann versuchte man den Wagen mit einem Traktor an Land zu ziehen. Das misslang wegen des glatten Untergrundes am Ufer. Die Räder des Fahrzeuges drehten durch und der Versuch der Bergung musste erst einmal abgebrochen werden. Erst mit einem weiteren Gespann gelang es den Helfern, den Wagen über den höheren Uferrand an Land zu bringen. Pferd und Kutscher blieben fast unbeschadet. Sie waren mit einem gehörigen Schrecken davongekommen.

Moderner Schlachthof für Rostock

Großprojekt soll „künftiges Wachstum" sichern

Im Jahr 1938 weihte in Rostock der von den Nazis eingesetzte **Oberbürgermeister Volgmann** in einer Feierstunde den neuen Schlachthof ein. Der „Rostocker Anzeiger" erfasste das Geschehen mit folgenden Worten: *„In den mit den Fahnen des Reiches ausgeschmückten Gefolgschaftsraum hatten sich die Betriebsangehörigen, an ihrer Spitze der Dezernent für das städtische Schlachthofwesen, Stadtrat Linke, sowie Direktor Köller, versammelt."*

Ein neuer Schlachthof war von Nöten

In seiner Rede erinnerte Volgmann daran, dass der bisherige **Schlachthof** an der **Schwaaner Landstraße** nicht mehr den Anforderungen einer wachsenden Stadt entspreche. 1927/1928 hatte man darum einen **Seegrenzschlachthof** gebaut, der am 1. Oktober 1929 seinen Betrieb aufgenommen hatte, jedoch bald zu einem Zuschussobjekt wurde und schließlich am 31. März 1933 geschlossen werden musste. 1936 erfolgte nach intensiver Prüfung schließlich der Beschluss, den **Seegrenzschlachthof zum modernsten Fleischverarbeitungsbetrieb** der Stadt umzubauen. Der Umbau kostete immerhin 850.000 Mark. Der Aufwand war enorm: Die vorhandenen Hallen wurden umgebaut, ein Viehhof kam hinzu, ebenfalls für den Ernstfall ein Seuchenhof. Es wurde eine Schweinemasthalle erweitert und ein modernes Kühlhaus gebaut. Neu hinzu kamen Heißwasser- und Blutverwertungsanlage sowie ein „Laden für Viehverwertung".

„Am heutigen Tage, da der Bau vollendet vor uns stehe, sei die Stadtverwaltung davon mehr denn je überzeugt, vor zwei Jahren richtig gehandelt zu haben. Denn Rostock besitzt im neuen Werk einen der modernsten Schlachthöfe, der in seiner ganzen Anlage so gehalten ist, dass er auch einem künftigen Wachstum unserer Stadt Rechnung trägt ..." war sich OB Volgmann sicher – es sollte anders kommen!

Eine spektakuläre Ostseeüberquerung

Am 29. Juli 1938 konnten die Rostocker und ihre Gäste im **Ostseebad Warnemünde** einem sportlichen Spektakel beiwohnen, das nun wirklich nicht alltäglich war. Die 19-jährige langstreckenerprobte Schwimmerin Jenny Kammersgaard aus Dänemark war am 27. Juli um 18.58 Uhr im dänischen Gedser zu einer Ostseeüberquerung gestartet, für die sie rund 25 Stunden veranschlagt hatte, die sie dann aufgrund Abtriebs durch aufkommenden Westwind in 40 Stunden und zwei Minuten meisterte. Auf die mecklenburgische Küste traf sie schwimmend am 29. Juli, etwa zehn Kilometer westlich von **Warnemünde**, zwischen **Nienhagen** und der **Stoltera**. Von dort wurde sie von ihrem Begleitboot „Fortuna" nach Warnemünde gebracht, wo sie um 12.10 Uhr im **Alten Strom** eintraf. Zu ihrer Begrüßung war zuvor ein Polizeiboot u.a. mit Stadtrat Zeitz, Kreisleiter Dettmann und NSDAP-Ortsgruppenleiter Kasten an Bord ausgelaufen und ihr entgegengefahren. Mit einem Platzkonzert mit dem **Musikkorps des Seefliegerhorstes** vor dem Lotsengebäude und zahlreichen Blumensträußen aus der jubelnden Menge wurde Jenny Kammersgaard willkommen geheißen und so mancher Badegast durfte der durch die Medien bekannt gewor-

In Warnemünde angekommen: Jenny Kammersgaard

denen Schwimmerin die Hand schütteln. Sie wurde in das **Hotel Hübner** geleitet, wo sie sich nach dieser Anstrengung erst einmal erholen konnte.

Schon im Januar 1938 hatte Jenny Kammersgaard, übrigens eine „völlig unbemittelte Fabrikarbeiterin aus Horsens", ihr Vorhaben der Ostseedurchquerung zwischen Gedser und Warnemünde angekündigt. Das hatte zwar einige Skepsis ausgelöst, doch der „Rostocker Anzeiger" zeigte sich zuversichtlich: **„... denn wenn Jenny sich etwas vorgenommen hat, setzt sie es auch durch."** Womit die Zeitung dann auch Recht behielt. Weltbekannt geworden war die geborene Jütländerin, als sie 1937 in 20 Stunden das Kattegatt zwischen Seeland und Jütland durchschwamm.

Weihnachten in den 20er und 30er Jahren

... 1924 mit blühenden Primeln und Pfeilchen

In den Kriegsjahren überwogen auch zu Weihnachten die Sorgen. Dennoch, insbesondere wer Kinder hatte, versuchte die Weihnachtszeit so angenehm wie möglich in der Familie zu verbringen. *„Ein eigener Zauber liegt über diesen Tagen ..."* schrieb die Rostocker Presse über die Weihnachtszeit, die Zeit der Heimlichkeiten und der Harmonie.

In den Zeitungen erschienen weihnachtliche Annoncen, welche die allermöglichsten Tipps für Geschenke gaben oder daran erinnerten, welche Leckereien darauf warteten, gekauft zu werden. So bot zum Beispiel die **Schokoladenfabrik C.L. Friedrichs**, die mehrere Verkaufsstellen in der Stadt unterhielt, zum Fest Baumbehang aus Schokolade „**in unübertroffener Qualität**" an, bei **Zeeck** konnte man „**Praktische Weihnachtsgeschenke**" aller Art kaufen, und das **Kaufhaus Wertheim** pries preiswerte Zutaten für die Weihnachtsbäckerei an, darunter frische Margarine das Pfund für 65 Pfennig, 1a-Weizenmehl für 18 Pfennig das Pfund und Rosinen für 85 Pfennig pro Pfund.

Den Heiligen Abend verbrachten die Familien damals noch etwas anders als heute: Der Vormittag gehörte noch ganz der Tagesarbeit, dem Großreinemachen der Wohnungen und der Herstellung des Weihnachtsgebäcks, bei dem die Kinder natürlich kräftig mithalfen. Vor allem Plätzchen standen hoch in ihrer Gunst und wenn Marie oder Klaus dann den Rührlöffel ablecken oder die Backschüssel auskratzen durften, dann waren sie erst einmal selig vor Glück. Bald duftete es nach leckerem Gebäck. Natürlich musste dann noch der obligatorische Weihnachtsbaum geschmückt werden.

„In den ersten Nachmittagsstunden begeben sich nach alter Rostocker Sitte viele Einwohner zum Friedhof, um die Gräber ihrer teuren Entschlafenen mit Tannengrün oder einem kleinen Tannenbäumchen zu schmücken."

Gegen 16.00 Uhr am Nachmittag begannen in den **Rostocker Kirchen** die **Vespergottesdienste**, die von vielen besucht wurden. Am Abend war dann die **Bescherung unterm**

Weihnachtsbaum angesagt. Was für jeden darunter lag, das diktierte die eigene Geldbörse. Es gab Jahre, in denen die Not unter der Bevölkerung groß war. Dann hatten die Wohlfahrtsverbände gerade zu Weihnachten eine Menge zu tun.

Ende Dezember luden die zahlreichen Vereine Rostocks, darunter der **„Deutsche Verein der Naturheilfreunde"**, der **„Gesangsverein Fortuna"** oder der **„Männer- Turn- und Sportverein von 1860"** traditionell ihre Mitglieder zu Weihnachtsfeiern ein.

Vielfach erlebten die Rostocker weiße Feiertage, dennoch konnte es auch ganz anders kommen, wie das Jahr 1924 in der Rückschau zeigt.
Die Weihnachtsfeiertage 1924 brachten den Rostockern eher ungewöhnliches Wetter, nämlich eine *„milde Witterung mit frühlingsmäßigem Charakter"*. Beobachter hatten im Garten blühende Primeln und Veilchen und dicke Knospen an den Sträuchern gemeldet. Heller Sonnenschein am zweiten Weihnachtsfeiertag lockte zum Spaziergang: *„...die Promenaden waren mit Spaziergängern gefüllt, und die neuverlobten Paare benutzten die Gelegenheit, sich in ihren Festtoiletten zu repräsentieren ..."* wusste der „Rostocker Anzeiger" zu berichten.

Selige Weihnacht

Verloren und gefunden in Warnemünde

Wohl zu allen Zeiten sind die verschiedensten Dinge im öffentlichen Raum meist durch Unaufmerksamkeit ihrer Besitzer verloren gegangen. Einige wurden wiedergefunden, andere blieben für immer verschwunden, manche wechselten unerkannt gar ihren Besitzer. Ab und zu konnte man in den Rostocker Zeitungen Mitteilungen der Polizeibehörde über durch ehrliche Finder eingelieferte Objekte finden. In der Zeit vom 14. bis 23. Juni 1938 wurden zum Beispiel in der Zweigstelle Warnemünde des Polizeipräsidiums Rostock folgende Stücke abgeliefert:

1 Füllhalter mit Krupp-Stahlfeder,
1 Kneifer in Lederhülle,
1 silbernes Armband,
1 Schaufel,
1 Damenkleidergürtel,
1 silberne Halskette,
1 Brille mit Hornfassung,
1 Herrenfahrrad,
1 Badeschuh,
1 Strickmütze,
1 Pullover,
2 Babymützchen,
mehrere Schlüssel.

Natürlich wurden die ehrlichen Finder öffentlich genannt und ihnen gedankt. Wer sein Eigentum wiederhaben wollte, konnte sich wochentags von 8.00- 12.00 Uhr auf dem **Polizeirevier Am Markt 5** in Rostock einfinden.

Obiger Aufzählung folgte in der „Warnemünder Zeitung" eine weitere über vermisste Dinge, die bislang zum Leidwesen der Verlierer noch nicht wieder aufgetaucht waren:

1 Foto-Tasche mit Farben,
mehrere Geldbörsen,
1 goldene Halskette,
1 goldenes Kettenarmband,
1 Buch, 1 Schal,
1 Aktentasche,
1 Damenhandtasche,
1 silberne Halskette,
1 goldene Brosche.

Es erstaunt, was so alles verloren wurde, zumal diese Listen ständig durch neue Annoncen erweitert wurden. So war dann auch mal ein **Horchapparat**, ein **Wellensittich** und eine **Dose mit Rollmöpsen** unter den verloren gemeldeten Dingen.

Der „Rostocker Anzeiger" fand das so interessant, dass er am 18. Januar 1938 dem Thema einen umfangreichen Beitrag unter der Überschrift **„Ein Vormittag im Rostocker Fundbüro"** widmete. Der Berichterstatter kann sich selbst von der Vielfalt der verloren gegangenen Dinge überzeugen und weiß zu ergänzen, dass auch häufig die verschiedensten Lebensmittel in das Fundbüro gebracht werden, darunter Margarine, Harzer Käse, Mehl und unterschiedliche Konserven. Was er dann noch miterlebt, „schießt sprichwörtlich den Vogel ab": **„Jetzt kommt ein alter Mann. Auch er hat etwas gefunden, zieht – wir reißen staunend die Augen auf – wirklich und wahrhaftig einen geschlachteten Hahn aus der als Einwickelpapier benutzten Zeitung hervor."**
Immerhin tröstlich war die Tatsache, dass zumindest von den aufgefundenen und abgegebenen Sachen zwischen 60 Prozent und 80 Prozent an die rechtmäßigen Eigentümer zurückgegeben werden konnten.

Eintopfsonntage

Von Haus zu Haus „Spenden" eingesammelt

Sogenannte **„Eintopfsonntage"** waren beliebte Veranstaltungen der Führung der Nationalsozialistischen Deutschen Arbeiter-Partei (NSDAP), um ihre Verbundenheit mit

Und hab ich noch solch vollen Magen, Liebesgaben kann ich immer vertragen"

dem Volk zu demonstrieren. Man mischte sich dann unter die Volksgenossen und löffelte, lächelte den Fotografen in die Linse blickend, die Suppe aus, die andere „eingebrockt", d. h. gekocht hatten. Der „Eintopfsonntag", erstmalig am 1. Oktober 1933 eingeführt zur Unterstützung des am 13. September 1933 ins Leben gerufenen **„Winterhilfswerks des Deutschen Volkes"**, hatte allerdings einen ernsthaften Hintergrund. Um für das Winterhilfswerk Spenden einzusammeln zu können, mussten die Bürger die entsprechenden Finanzen erst einmal übrig haben. Und so kam man auf die Idee, für die Monate Oktober bis März einen „Eintopfsonntag" an jedem 1. Sonntag im Monat anzuordnen. Statt eines teuren Sonntagsbratens sollte auf dem Mittagstisch ein preiswertes Eintopfgericht duften. Die Kosten für die Mahlzeit durften 50 Pfennig pro Person nicht überschreiten. Das so „eingesparte" Geld sollte als *„freiwilliges Opfer der Volksgenossen, die in Arbeit und Verdienst stehen"* Bedürftigen gespendet werden. Die „NS-Volkswohlfahrt" sammelte noch am selben Tag die Spenden ein, indem Beauftragte von Haus zu Haus gingen. Ob das Geld wirklich bei den Arbeitslosen und Notleidenden ankam, darüber erfuhren die Bürger nichts.

Die Zeitungen berichteten natürlich regelmäßig, wenn wieder eine solche öffentlichkeitswirksame Veranstaltung „zelebriert" worden war. Im Januar 1938 wurde ein weiterer „Eintopfsonntag" angekündigt, bei dem verschiedene Eintopfgerichte bereitgehalten werden sollten, wie der „Rostocker Anzeiger" annoncierte: *„Kohlrübeneintopf mit Kartoffeln und Hammelfleisch, Mohrrüben oder Kohlrüben mit Rindfleisch, Fischeintopf (nach Möglichkeit Ostseedorsch), Gemüseeintopf mit Einlage, bestehend aus Porree, Sellerie und Mohrrüben."*

Sonntagsbraten war verboten

Den privaten Haushalten war die Zusammensetzung des Eintopfs freigestellt, die Gaststätten erhielten entsprechende Anweisungen. Natürlich wurde regelmäßig kontrolliert, ob man sich auch am „Eintopfsonntag" beteiligte und nicht etwa doch nach alter Gewohnheit einen Braten auf den Tisch brachte. Mitunter wurden die Kinder in den Schulen gezielt danach befragt und auch die **Blockwarte**, die überall über das Stadtgebiet verteilt waren, sollten ihre Augen nach Abtrünnigen aufhalten.

Werbung für den „Eintopfsonntag"

Überall Feldküchen mit Eintopf
An einem solchen Sonntag wurden dann – nach der vorher über die Presse verbreiteten eindringlichen „Bitte" des Gauleiters oder gar des Führers, ja auch diese Möglichkeit zu nutzen und möglichst viel Eintopf zu essen – Feldküchen an zentralen Stellen der Stadt aufgestellt, wo es bald lecker duftete. Natürlich war der Zuspruch dementsprechend groß: *„Einen Schlag bitte noch!"* schmunzelte der alte Mann, als er an der dampfenden Feldküche stand und sich zum zweitenmal eine Wucht der herrlich duftenden Erbsensuppe einkellen ließ. Mitunter wagte wohl auch der zufällig Vorübergehende nicht, das Angebot abzulehnen, schließlich konnte

er es sich wohl kaum leisten, so öffentlich der „solidarischen Volksgemeinschaft" eine Absage zu erteilen.

Die Einnahmen aus dem Eintopfverkauf waren ja eigentlich für Notleidende vorgesehen, doch so mancher mutmaßte, dass sie vorrangig für die Versorgung der Soldaten im Feld verwendet wurden. Und die Beträge, die dabei zusammenkamen, waren beileibe kein Pappenstiel. Die Dezember-Eintopf-Aktion 1938 erbrachte im Deutschen Reich immerhin 5.744.477 Mark, woran die Rostocker auch ihren Anteil hatten.

Erntedank mit Pomp

... und „donnerndes Sieg heil!"

Gewaltige Aufmärsche und massenwirksame Großveranstaltungen waren Ende der 30er Jahre schon zur Normalität geworden. Zu jeder Gelegenheit zelebrierte man Volksverbundenheit und Deutschtum. Am 2. Oktober 1938 – an einem Sonntag – war wieder einmal im **Ostseebad Warnemünde** eine Großveranstaltung anberaumt worden. Zum **Erntedanktag** war aufgerufen worden und so trafen sich **Hunderte Warnemünder**, organisiert in den verschiedensten Vereinigungen Großdeutschlands, von denen es natürlich auch in dem kleinen Warnemünde Ortgruppen gab, zu diesem Anlass zu einem Marsch durch den Ort. Der Marschzug, der beim Umzug durch den Ort ständig gewachsen war, formierte sich um 11.30 Uhr auf dem **Markt**, wo nun nach exakter Programmvorgabe eine **pompöse Kundgebung** anlässlich des Erntedanktages stattfand.

In seiner Ansprache zum Erntedanktag kam **Kreisamtsleiter Schlüter** nicht umhin, mit markigen Worten die „deutschen Traditionen" des Erntedankfestes zu betonen und der „deutschen Bauernschaft" den Dank des Volkes auszudrücken. Nicht fehlen durfte ein donnerndes „Sieg heil!"

Man traf sich dann am Abend meist wieder zum **Erntetanz in allen Sälen**. Die Restaurationen im Ostseebad waren darauf bestens vorbereitet und machten natürlich entsprechenden Umsatz. Und wenn Heinz dann mit seiner Marie das Tanzbein schwang, waren manche Sorgen zumindest für ein paar Stunden vergessen ...

Ein Aufmarschplatz für Rostock

... und schließlich stand der „Volkssturm" da

Die NSDAP hatte für Rostock (wie auch in anderen Städten) entsprechende Pläne für ein pompöses **Aufmarsch- und Repräsentationsgelände**. Der Platz dafür war recht schnell gefunden: Die **alte Rennbahn**, auf der einst Pferderennen stattgefunden hatten, sollte umgestaltet werden und angrenzendes Gelände war für eine Ausweitung der Anlagen vorhanden.

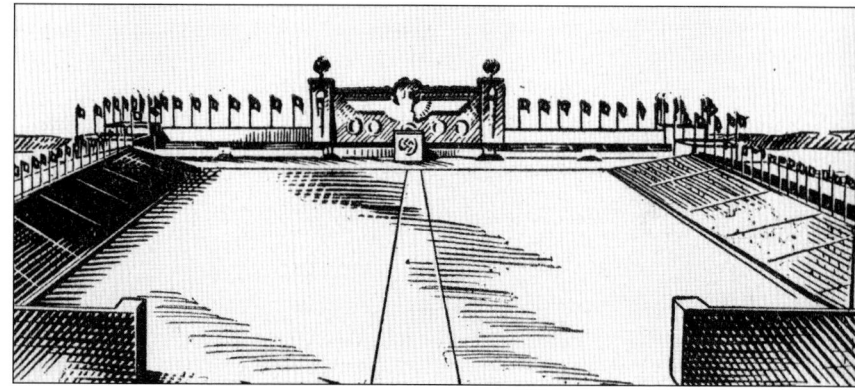

So sollte er werden, der Aufmarschplatz

So begannen im Herbst 1937 die Erdarbeiten für das **„Forum Rostock"**. Der „Rostocker Anzeiger" berichtete darüber: *„Unsere alte Rennbahn gleicht einem einzigen großen Baugelände. Der Platz, der seit langen Jahren die Einwohner Rostocks bei den verschiedensten Anlässen versammelt sah, wird nach der Fertigstellung der vielen großartigen Anlagen sich dem Rahmen unserer Großstadt würdig anpassen."*

Die Pläne sahen vor, das Gelände für die Aufmärsche mit zwei mächtigen Böschungen, jede rund fünf Meter hoch, zu versehen. Sie sollten als Tribünen bei Großveranstaltungen dienen. Dafür mussten 70.000 Kubikmeter Boden herangeschafft werden. Die **Festhallenstraße**, 1938 im Bau, erhielt eine Breite von 46,50 Metern. Den Mittelpunkt sollte nach Fertigstellung der gesamten Anlagen eine **Festhalle** bilden. Der Platz wurde mit einer provisorischen Tribüne bebaut, damit man schon

vor der endgültigen Fertigstellung das Aufmarschgelände nutzen konnte.
Am 11. Juni 1939 wurde das Aufmarschgelände anlässlich des in Rostock stattfindenden **„Mecklenburgischen Gautags"** mit einer Kundgebung, an der mehr als (man höre und staune!) 71.000 Menschen teilnahmen, eingeweiht.
Auf dem Aufmarschgelände wurde übrigens am 12. November 1944, kurz vor dem Eintreffen der Roten Armee, das letzte Aufgebot der Nazis, der Rostocker Volkssturm, vereidigt.

Krieg

... und plötzlich fielen Bomben vom Himmel

Mit dem Kriegsbeginn am 1. September 1939 war vieles auch in Rostocks anders geworden. Verordnungen regelten beispielsweise das Verhalten bei **Fliegeralarm** und das damit in Verbindung stehende **Verdunkeln** der Gebäude.

Der „Rostocker Anzeiger" druckt am 1. September 1939 eine Bekanntmachung mit den wichtigsten Regeln ab und erläutert diese redaktionell: *„... Jeder Volksgenosse, jeder Einwohner und jeder Betrieb hat unter allen Umständen dafür zu sorgen, dass aus den Gebäuden nicht der geringste Lichtschein nach außen dringt. Vor allen Dingen ist darauf zu achten, dass auch die nach hinten, nach Hof und Garten gelegenen Fenster und etwaige Oberlichter, Glasdächer usw. einwandfrei abgeblendet sind. Kraftfahrzeuge, Straßenbahnen, Fahrräder, Fuhrwerke usw. haben ihre Lichtquellen und Scheinwerfer so abzublenden, dass nur ein waagerechter 5 bis 8 Zentimeter langer, 1,5 Zentimeter breiter Ausschnitt für den Lichtaustritt bleibt ..."*

An diese und andere Verordnungen hatte man sich allmählich gewöhnt. Doch was dann kam, das hatten sich viele Rostocker wohl nicht träumen lassen.
Bislang hatten sie in Wochenschauen auf der Kinoleinwand die Erfolge der deutschen „Krieger" auf fremden Boden bejubeln dürfen. Doch dann schlug der Krieg nach Deutschland zurück und auch Rostock blieb nicht verschont. Am 11. Juni 1940 gegen 1.15 Uhr fielen die ersten Bomben auf die Hafenstadt, die jedoch glücklicherweise noch keine Menschenleben forderten. **Die ersten Toten** im Rostocker Stadtgebiet brachte dann die Bombardierung des **Stadtteils Warnemünde** am 3. Juli 1940, die vor allem den Rüstungsbetrieben wie den **ARADO- Flugzeugwerken** und der **Kröger-Werft** galten. Von nun an musste sich die Bevölkerung auf die ständig drohende Bombardierung der Stadt durch alliierte Bomberverbände einstellen, und regelmäßig waren nun die **Sirenen des Fliegeralarms**, das **Dröhnen der Flugzeuge**, das **„Bel-**

len" des Geschützfeuers und das Krachen der Bombeneinschläge zu hören. Weinende Kinder, mit zitternden Menschen vollgestopfte und mitunter auch verschüttete Luftschutzräume, schwelende Trümmerhaufen – all das wurde für die Rostocker zum ständigen Begleiter. Mehr als 40.000 Rostocker verließen fluchtartig die Stadt, um sich im Umland in Sicherheit zu bringen.

Die Bilanz am Ende des Weltkrieges war für die Hafen- und Universitätsstadt Rostock wahrlich bitter. Zahlreiche Tote und eine vor allem im Zentrum verwüstete Stadt.

Alles Kaputt!

Der „Rostocker Anzeiger" zeichnet davon am 28. April. 1942 nach vier überstandenen Bombennächten ein vorläufiges Bild: *„... Der neue Markt, das mit seinen vielen alten Giebeln historische Wahrzeichen der Stadt, bietet einen trostlosen Anblick. Ringsum ragen diese alten Giebel starr und leer gen Himmel (...) Die Stalinstraße ist auf ihrer linken Seite völlig zerstört und auf der rechten Seite sind nur wenige Häuser von den Flammen verschont geblieben (...) Der Glatte Aal bietet einen verheerenden Anblick (...) Dagegen bildet der Teil des Geschäftsviertels vom Hopfenmarkt bis hinunter zum Kröpe-*

liner Tor, das durch den tatkräftigen Einsatz mehrerer Wehren immer unter Wasser gehalten und so erhalten bleiben konnte, einen wüsten Anblick. (...) Die alte schöne Jacobikirche wurde hier ebenso wie die Petrikirche ein Raub der Flammen. In der Breiten Straße bietet sich uns ein Bild sadistischer Zerstörungswut der Briten, doch ragt aus dem Trümmerhaufen dieser Straße der Ufa-Palast als einziger Bau nahezu erhalten heraus (...) Vor allem die Viertel um die Nikolaikirche und die Viertel um die Große Wasserstraße, Krämerstraße, Große Mönchenstraße und viele andere mehr sind heute ein furchtbares Bild der Verwüstung ..."

Das jedoch war noch längst nicht „das Ende der berühmten Fahnenstange". Noch einige Jahre mussten die Rostocker das Heulen der Sirenen und berstende Bomben über sich ergehen lassen – so hatte man sich das alles nicht gedacht – die Feinde schlugen zurück.

Und am 1. Mai 1945 marschierten schließlich die Russen in Rostock ein ...

Zum Autor

Ronald Piechulek

Ronald Piechulek wurde 1961 in Rostock-Warnemünde an der Ostsee geboren. Nach Schulausbildung und mehrjähriger Tätigkeit im Handel konnte er von 1983–1986 ein Studium der Museologie in Leipzig absolvieren, das ihm seinen Traumberuf bescherte. Nach dem erfolgreichen Abschluss des Studiums nahm er eine Tätigkeit als wissenschaftlicher Mitarbeiter am Schiffahrtsmuseum Rostock auf und ist heute noch im vereinten Schiffbau- und Schifffahrtsmuseum Rostock tätig. In mehreren Vereinen der Stadt an der Warnow setzt sich Ronald Piechulek für den Erhalt der maritimen Traditionen, der kulturellen Einrichtungen und der historischen Bausubstanz in seiner Heimatstadt ein.
Seine speziellen Hobbys sind zum einen die Geschichte des Ostseebades Warnemünde, die ihn als geborenen Warnemünder nicht loslässt, und zum anderen die Fotografie, die er seit der Schulzeit mit Passion betreibt. Als Ortschronist schreibt er ehrenamtlich die Zeitgeschichte des Rostocker Stadtteils Toitenwinkel auf.
Die Ergebnisse seiner Arbeit fanden Eingang in zahlreichen Beiträgen in Zeitungen, Zeitschriften und Büchern.

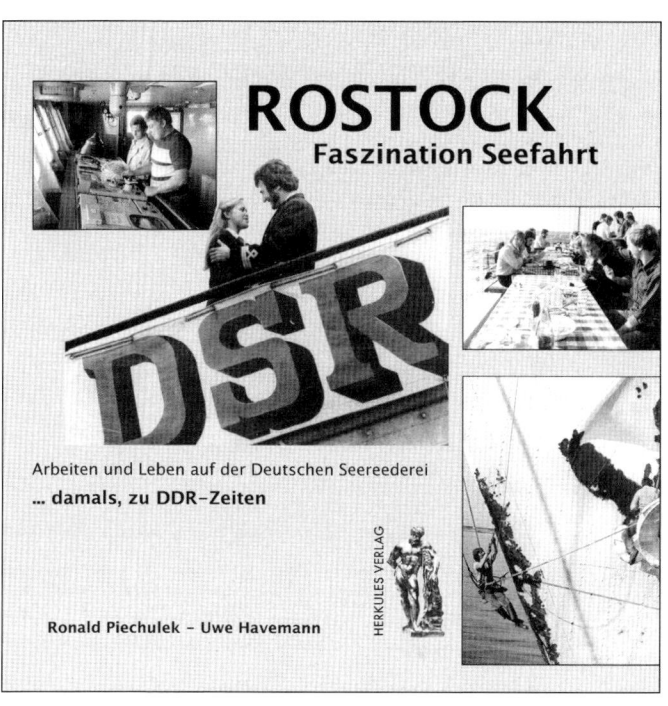

Rostock - Faszination Seefahrt
Arbeiten und Leben auf der
Deutschen Seereederei
... damals, zu DDR-Zeiten
Ronald Piechulek - Uwe Havemann
48 Seiten, zahlreiche S-w-Fotos
(ISBN 978-3-937924-77-9)

Ebenfalls im Herkules Verlag erschienen

Sonnabends war Badetag ...
... und sonntags ging's ins Schweizerhaus,
Geschichten und Anekdoten aus dem alten **ROSTOCK**
von Ronald Piechulek
88 Seiten, zahlreiche S-w-Fotos
(ISBN 3-937924-29-9)

Weißt du noch?
Organisieren, hamstern, „stoppeln" geh'n
Von ersten Filmen im Hansa-Theater ... und ersten Tänzen im „Mau Mau"
Geschichten und Anekdoten aus **ROSTOCK** – „ut de Russentied"
von Werner Breuer
88 Seiten, zahlreiche S-w-Fotos
(ISBN 978-3-937924-62-5)

Alltagsgeschichten aus Ostdeutschland

Geboren in den 20ern
Unsere Kindheit, unsere Jugend ...
von Geo Kaef
80 S., gebunden, zahlr. S-w-Fotos
(ISBN 978-3-937924-58-8)

Geboren in den 30ern
Unsere Kindheit, unsere Jugend ...
von Uwe Schieferdecker
80 S., gebunden, zahlr. S-w-Fotos
(ISBN 978-3-937924-59-5)

Geboren in den 40ern
Unsere Kindheit, unsere Jugend ...
von Kurt Wünsch
80 S., gebunden, zahlr. S-w-Fotos
(ISBN 978-3-937924-60-1)

Geboren in den 50ern
Unsere Kindheit, unsere Jugend ...
von Sylvia Pommert
80 S., gebunden, zahlr. S-w-Fotos
(ISBN 978-3-937924-61-8)

Geboren in den 60ern
Unsere Kindheit, unsere Jugend ...
von Peter Schieferweiß
88 S., gebunden, zahlr. S-w-Fotos
(ISBN 978-3-937924-71-7)

Unerschrocken die Wahrheit sagen
deutsch/englisch
Auf Martin Luthers Spuren
Seine allerbesten Sprüche
von Doris Berth
64 S., gebunden, zahlreiche Farbfotos
(ISBN 3-937924-40-X)

**Herkules Verlag • Richard-Strauß-Straße 33 • 34128 Kassel •
(0561) 9 37 17 38 • www.herkules-verlag.de**